中华传统美德百字经

同·大同平等

于永玉 杨迪 ◎ 编

　　一段历史之所以流传千古，是由于它蕴涵着不朽的精神；一段佳话之所以人所共知，是因为它充满了人性的光辉。感悟中华传统美德，获得智慧的启迪和温暖心灵的感动；品味中华美德故事，点燃心灵之光，照亮人生之路。

天津人民出版社

图书在版编目（CIP）数据

同：大同平等 / 于永玉，杨迪编. —天津：天津
人民出版社，2012.6

（巅峰阅读文库. 中华传统美德百字经）

ISBN 978-7-201-07582-2

Ⅰ. ①同…　Ⅱ. ①于…②杨…　Ⅲ. ①品德教育—中
国—通俗读物　Ⅳ. ① D648-49

中国版本图书馆 CIP 数据核字 (2012) 第 133775 号

天津人民出版社出版

出版人：刘晓津

（天津市西康路 35 号　邮政编码：300051）

邮购部电话：（022）23332469

网址：http://www.tjrmcbs.com.cn

电子信箱：tjrmcbs@126.com

永清县晔盛亚胶印有限公司印刷　新华书店经销

2012 年 6 月第 1 版　2012 年 6 月第 1 次印刷

690×960 毫米　16 开本　10 印张　字数：100 千字

定价：19.80 元

中国是一个具有悠久历史和灿烂文化的文明古国，也是举世闻名的礼仪之邦。在历史的长河中，中华民族创造出了绚丽多彩的物质文化和精神文化，为人类的发展和进步做出了重要贡献。其中，中华民族的传统美德被大家代代传承。

那么，什么是传统美德？什么是中华民族的传统美德呢？通常来说，传统美德就是在自觉或习俗的道德规范中，一些被大多数人所接受并实际奉行的，而且在现代仍有着积极影响的那些美德。具体到中华民族传统美德，概括起来就是指中华民族优秀的民族品质、优良的民族精神、崇高的民族气节、高尚的民族情感以及良好的民族礼仪等，是中华民族在历史实践过程中积累而成的稳定的社会优秀道德因素，体现在人们生活的方方面面，涉及政治、经济、文化、意识等领域，并通过社会心理结构及其他物化媒介得以代代相传。

经过长期的历史沉淀，中华传统美德已融入到中华民族的思想意识和行为规范中，成为社会道德文化的遗传基因，成为整个中华民族文化的精神内涵，也是中华五千年文明史的精髓所在。继承和弘扬中华民族传统美德，可以振奋民族精神，增强民族自尊心、自信心、自豪感和凝聚力，使社会主义道德规范具有更丰富的内涵，让社会主义、集体主义、爱国主义思想等更加深入人心，成为社会主义文化的主旋律。同时，还可以更好地协调人际关系，促进社会主义市场经济的健康发展，形成有中国特色的、适应社会发展的价值观和伦理道德规范。

国民的思想道德状况，尤其是青少年的思想道德状况，直接关系着一个国家、一个民族的整体素质，关系着国家前途和民族命运。目前，我国已进入改革发展的新时期新阶段，德育教育的价值和意义更是日渐凸显。大力弘扬中华传统美德，建设社会主义核心价值体系，促进社会主义文化的发展和繁荣，是建设全面小康社会的主要任务，更是实现中华民族伟大复兴的必然要求。因此，党中央非常注重我国公民道德建设，全社会也已形成了加强和改进思想道德建设的新风尚。

　　青少年是国家的希望，是民族不断发展和延续的根本，因此，青少年德育教育就显得更加重要。为了增强和提升国民素质，尤其是青少年的道德素质，我们特意精心编写了本套丛书——《中华传统美德百字经》。

　　本套丛书立足当前公民，尤其是青少年思想道德教育的现实，将中华民族的传统美德归纳为一百个字，即学、问、孝、悌、师、教、言、行、中、庸、仁、义、敦、和、谨、慎、勤、俭、恤、济、贞、节、谦、让、宽、容、刚、毅、睦、贤、善、良、通、达、知、理、清、廉、朴、实、志、道、真、立、忠、诚、公、正、友、爱、同、礼、温、信、尊、敬、恭、恕、责、仪、精、专、博、富、明、智、勇、力、安、全、平、顺、敏、思、积、利、健、率、坚、情、养、群、严、慈、创、新、变、革、争、谏、诲、齐、省、克、竞、求、简、洁、强、律。丛书内容丰富、涵盖性强，力图将中华民族传统美德的内涵囊括进去。丛书通过故事、诗文和格言等形式，全面地展示了人类永不磨灭的美德：诚实、孝敬、负责、自律、敬业、勇敢……

同·大同平等

2

这些故事在中华民族几千年的历史长河中，一直被人们用来警醒世人、提升自己，用做道德上对与错的标准；同时通过结合现代社会发展，又使其展现了中华民族在新时代的新精神、新风貌，从而较全面地展示了中华民族的美德。

在本套丛书中，为了帮助读者更好地理解这些源远流长的传统美德，我们还在每一篇故事后面给出了"故事感悟"，旨在令故事更加结合现代社会，结合我们自身的道德发展，以帮助读者获得更加全面的道德认知，并因此引发读者进一步的思考。同时，为丰富读者的知识面，我们还在故事后面设置了"史海撷英"、"文苑拾萃"等板块，让读者在深受美德教育、提升道德品质的同时，汲取更多的历史文化知识。

前 言

这是一套可以打动人心灵的丛书，也是可以丰富我们思想内涵的丛书……《中华传统美德百字经》向我们展示的是一种圣洁的、高尚的生活哲学。无论在任何社会、任何时代，给予人类基本力量的美德从来不曾变化。著名的美国政治家乔治·德里说："使美国强大的不是强权与实力，而是上帝赐予的美德。假如我们丢失了最根本且有用的美德，导弹和美元也不能使我们摆脱被毁灭的命运。"在今天，我们可能比任何时候都更应关心道德问题，尤其是青少年的道德问题，因为今天我们正逐渐面临从未有过的道德危机和挑战。

人生的美德与智慧就像散落的沙子，我们哪怕每天只收集一粒，终有一天能积沙成塔，收获一个光辉灿烂的明天。《中华传统美德百字经》中的美德故事将直指我们的内心，指向人性中善良的一面，唤起我们内心深处的道德感。因此，中华民

族的传统美德也一定会在我们的倡导和发扬之下，世世传承，代代延续！

全套丛书分类编排，内容详尽、文字优美、风格独具，是公民，尤其是青少年思想道德建设的优秀读物。愿这些恒久流传的美文和故事能抚平我们每个人驿动的心，愿这些优秀的美德种子能在青少年身上扎根、发芽、生长……

同·大同平等

"崇尚理想，大同平等"乃是中华民族酷爱自由、勇于斗争、敢于革命的内在动力和价值源泉。古人认为，人贵有志，"志不立，天下无可成之事"。一个民族也是这样，民族的志向就是对美好社会的向往。正是这种理想和信念，推动着人们为改变不合理的现实而上下求索，顽强斗争。

早在先秦时期，孔子就阐发了大同思想，表达了对"天下为公"、"不独亲其亲，不独子其子"的理想社会的向往和追求。如果说孔子这种大同思想主要是从伦理的角度出发，并表现为对远古原始社会的一种缅怀和追恋，那么农民起义中所提出的"等贵贱，均贫富"的战斗纲领，则直接反映了农民群众的现实要求，鼓舞着广大农民走上争生存、反暴政的战场。

到了近代，中华民族的这种大同社会理想和道德理想又程度不同地同西方传来的自由、平等、博爱的观念和空想社会主义思想结合起来，先后提出了太平天国的《天朝田亩制度》、康有为的《大同书》等社会理想和道德理想。这些思想虽然都不可避免地具有空想的性质，在阶级社会里不可能获得真正的实现，但它却表现了中国人民追求理想社会的渴望与信念，激励和鼓舞着中国人民去同恶势力和不合理的社会现实进行勇敢顽强的斗争，从而成为推动中国社会发展的重要的精神动力。

本书包括三个部分，第一部分主要讲述了古代先贤们对大同平等思想的具体认识和所做出的实践探索，通过各个事例向我们展示了古代人民对于大同社会的美好期待和无限向往；第二部分主要讲述了我国古代英雄楷模们对于实现美好大同社会所做出的英勇斗争；第三部分则具体地阐述了古代有识之士平等待人的故事。

中华民族的历史是一部勇于斗争、不断开拓和为大同理想而献身的历史，正是"崇尚理想、大同平等"的精神促进着政治的革新和社会的进步，推动着中华民族经济、文化的发展。今天，我们正在建设的社会主义和追求的共产主义理想，与以往一切社会制度、前人所追求的美好理想有着本质的不同，它是一项前无古人的伟大事业。因其如此，也必将遇到许多阻碍和困难。这就需要我们继承和发扬中华民族崇尚理想、大同平等的优良传统，大胆探索，不断创新，孜孜不倦地为理想而奋斗。只有这样，才能无愧于前人和来者，使光辉灿烂的理想变为现实！

目录

ZHONGHUACHUANTONGMEIDEBAIZIJING

中华传统美德百字经

同·大同平等

第一篇

崇尚理想　大同平等

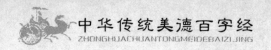
三皇五帝的大同小康

◎公则天下平矣，平得于公。——战国·吕不韦

盘古氏

就是我们都熟知的盘古开天辟地故事的主人公，传说天地是由盘古用斧开的，这一故事到了北魏，经郦道元传入北方。从此，盘古由流传于南方少数民族的神话，而发展成为传说中的中华民族共同的老祖宗。

女娲氏

女娲的名字最早出自屈原的《天问》："女娲有体，孰制匠之？"意思是：女娲的身体，是谁造出来的。传说女娲"炼五色石以补苍天"，并造就了人类，这是母系社会神话的反映。据说，在这以前，天塌地陷，灾害不息，经过她的工作，一切就绪了。她也就成了传说中整理天地的神。这个故事反映了远古人类与自然界的艰苦斗争。

回溯华夏文明的上古时代，人们常常提起"三皇五帝"一说。从史学上看，"三皇五帝"时代即指从旧石器时代到新石器时代过渡的时期。有关"三皇"，说法较多:《尚书·大传》指为燧人氏、伏羲氏、神农氏。

蛮荒之时的人类茹毛饮血，过着和野兽差不多的生活。"有圣人作，钻燧取火以化腥臊，而民说之，使王天下，号之曰燧人氏。"火的发现大大改善了人的生存环境，传说中的燧人氏于是成为三皇之一。

而发明八卦的伏羲氏（即太昊氏，又称庖羲、羲皇），传说他的母亲踩在雷神的脚印上而孕。伏羲氏教导人民渔猎畜牧，大大提高了当时的生产力。据说女娲是伏羲的妹妹，二人同为人首蛇身，后被神化。推测伏羲、女娲应是当时部落的首领，且部落是以龙为图腾的。

神农氏，就是炎帝。神农氏本为姜姓部落首领，发明农具以木制耒，教民稼穑饲养、制陶纺织及用火，以功绩显赫，称为炎帝，世号神农。神农氏还曾跋山涉水，尝遍百草，找寻治病解毒良药，以救夭伤之命，后因误食"火焰子"草而死。此外，古书中也有将女娲、祝融、黄帝列入三皇的。

"五帝"说，按《大戴礼记》提法，为黄帝（轩辕氏）、颛顼、帝喾、唐尧、虞舜。

古代的黄河流域分布着不少部落。姜姓的炎帝部落和姬姓的皇帝部落世代通婚。又有九黎部族，首领名为蚩尤。炎黄部落和蚩尤发生了激烈的军事冲突，最终九黎落败，蚩尤被杀。据说蚩尤善于利器，为冶金的最早发明者。颛顼是黄帝之孙。他进行宗教改革，禁绝巫教，要九黎等族服从黄帝族的教化，促进了华夏部族之间的融合。炎帝族的一个分支共工氏部落，不服帝喾管辖，经常侵犯其他部族。帝喾遂进攻共工氏，将其一举击败。

三皇时代，有人说可能是母系氏族时代子知其母不知其父，应该是群婚时期，所以，文献记载里往往有女人"吞雀卵"、"履大人迹"而生子的传说。那时由于生产力水平低下，人们在饥寒的环境中生活，这种生活没有私有财产，人和人之间只有分工不同，没有阶级分化，被称为原始共产主义，也就是后人所说的"大同"，其实这种大同，一点也不值得今人羡慕和向往。

到尧舜时代，原始经济发展使各部落结成大的联盟。尧，又称陶唐氏。尧被视为仁君的典范，勤俭朴素，办事公正，崇尚节俭。尧重用贤臣，使其发挥特长，制定历法，安排农业生产。相传尧时大地洪灾，"尧命夏鲧治水，九载无绩。鲧自沉于羽渊，化为玄鱼"。鲧是大禹之父。经过尧几十年的治理，九族和睦，四夷咸服，天下太平。晚年经多次考核，尧将君位禅让给舜。舜知人善任，命禹作司空，主平水土；命弃做后稷，主管农业；命契做司徒，主管五教；命皋陶管理五刑等等。舜开创了上古时期政通人和的局面，所以舜成为中原最强大的盟主。正如《史记》所云："天下明德，皆自虞帝始。"虞舜待继母以孝，待弟以仁，被儒家视为仁孝的典范。虞舜在位48年。尧、舜作为首领，主要是军事统帅，并担任主祭，祭天地、山川、百神。实际上尧舜之时，国家机器的雏形已经具备了。那时的最高权力机构是部落首领会议，即四岳十二牧。如尧禅让于舜，也要经由四岳十二牧的同意。

古人曾用"大同"、"小康"来对比上古时代两个不同的社会阶段。《礼记·礼运》："大道之行也，天下为公。选贤与能，讲信修睦，故人不独亲其亲，不独子其子，使老有所终，壮有所用，幼有所长，鳏寡孤独废疾者皆有所养。男有分，女有归。货恶其弃于地也，不必藏于己；力恶其不出于身也，不必为己。是故谋闭而不兴，盗窃乱贼而不作，故外户而不闭，是谓大同。"大同之世指的是原始社会。当社会发展到一定阶段，出现了"小康"，"今大道既隐，天下为家，各亲其亲，各子其子，货力为己，大人世及以为礼。城郭沟池以为固，礼义以为纪；以正君臣，以笃父子，以睦兄弟，以和夫妇，以设制度，以立田里，以贤勇知，以功为己。故谋用是作，而兵由此起"。"小康"之世出现了部族、家族和阶级，也即是自"尧、舜、禹、汤"时起始的社会，其出现于历史上是必然的现象。

在历史上，小康之世比之大同之世应该是一个进步，而不是倒退。"大同"和"小康"和我们今天所说的根本不是一个概念，所以后世儒家鼓吹复古是不值得提倡的。

◎故事感悟

历史是发展的，人们总应该向前看，但我们不能割断现实与历史之间的联系。历史上总有一些优秀的传统需要后人继承、改造、发扬，以古为今用。而历史流传下来的积极进取、向往美好生活、对创建合理的社会制度的努力与探索等精神，却是先人给我们留下的宝贵遗产。

◎史海撷英

说三皇五帝

"皇"的原意是"大"和"美",不作名词用。《楚辞》中有西皇、东皇、上皇等。古时又有天皇、地皇、泰皇之名,称为"三皇"。在《周礼》《吕氏春秋》与《庄子》中也始有指人主的"三皇五帝",《管子》中对皇、帝、王、霸四者的不同意义作了解释,但都未实定其人名。

三皇五帝是中国在夏朝以前出现在传说中的"帝王"。现在看来,他们都是部落首领,由于实力强大而成为部落联盟的领导者。秦始皇为表示其地位之崇高无比,曾采用三皇之"皇"、五帝之"帝"构成"皇帝"的称号。但是不同史家对"三皇五帝"都有不同的定义。三皇有五说,五帝也有五说。具体三皇是谁,五帝是谁,存在多种说法。基本上,无论是按照史书的记载,还是神话传说,都认为三皇所处的年代早于五帝。大致上,三皇时代距今久远,或在四五千年至七八千年以前乃至更为久远,时间跨度亦可能很大;而五帝时代则距夏朝不远,在4000多年前。

三皇

①燧人、伏羲、神农(《尚书大传》);

②伏羲、女娲、神农(《风俗通义》);

③伏羲、祝融、神农(《风俗通义》);

④伏羲、神农、共工(《风俗通义》);

⑤伏羲、神农、黄帝(《古微书》);

⑥自羲农,至黄帝,号三皇,居上世(《三字经》);

⑦天皇、地皇、泰皇(《史记》);

⑧天皇、地皇、人皇(民间传说)。

五帝

①黄帝、颛顼、帝喾、尧、舜(《大戴礼记》);

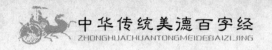
②庖牺、神农、黄帝、尧、舜（《战国策》）；

③太昊、炎帝、黄帝、少昊、颛顼（《吕氏春秋》）；

④黄帝、少昊、颛顼、帝喾、尧（《资治通鉴外纪》）；

⑤少昊、颛顼、帝喾、尧、舜（伪《尚书序》）；以其经书地位之尊，以后史籍皆承用此说。于是这一三皇五帝说被奉为古代的信史；

⑥黄帝（轩辕）、青帝（伏羲）、赤帝又叫炎帝（神农）、白帝（少昊）、黑帝（颛顼）（五方上帝）。

《史记·秦始皇本纪》说，天皇、地皇、泰皇为三皇，且认为泰皇最尊贵。那么，泰皇是谁？《太平御览》卷七十八引《春秋纬》提出天皇、地皇、人皇为三皇的另一种看法，似乎泰皇即人皇。《尚书大传》和《白虎通义》等，则又主张三皇应为燧人、伏羲、神农，而《运斗枢》、《元命苞》等纬书，除了认同伏羲、神农外，补上了创造人类的女娲。此外，《帝王世纪》以伏羲、神农、黄帝为三皇，《通鉴外纪》又以伏羲、神农、共工为三皇。由此看来，伏羲、神农占了三皇之两席，诸说基本一致，而第三位究竟是谁，分歧较大。

至于五位古帝，说法也各异。《世本》、《大戴记》、《史记·五帝本纪》列黄帝、颛顼、帝喾、唐尧、虞舜为五帝；而《礼记·月令》以太昊（伏羲）、炎帝（神农）、黄帝、少昊、颛顼为五帝；《尚书序》、《帝王世纪》则视少昊、颛顼、高辛（帝喾）、唐尧、虞舜为五帝。此外，又有把五方天神合称为五帝的神话。东汉王逸注《楚辞·惜诵》中的"五帝"为五方神，即东方太昊、南方炎帝、西方少昊、北方颛顼、中央黄帝；而唐贾公彦疏《周礼·天官》"祀五帝"，为东方青帝灵威仰、南方赤帝赤熛怒、中央黄帝含枢纽、西方白帝白招拒、北方黑帝汁光纪。

秦国原有四帝（白帝、青帝、黄帝、炎帝）崇拜，加上黑帝为五帝。按吕不韦十二纪的提法，五帝是主管四方，四时和五行之神。黄帝居中，具土德；太昊居东方，具木德，主春，亦称春帝；炎帝居南方，具火德，主夏，亦称炎帝；少昊居西方，具金德，主秋，亦称白帝；颛顼居北方，具水德，主冬，亦称黑帝。（《吕氏春秋·召类》）

◎ 文苑拾萃

三皇五帝

（唐）杨简

混沌凿开吞几岁，洪荒莫考传承裔。

但闻前史载三皇，伏义神农及黄帝。

三皇之后五帝传，少昊颛顼高辛继。

唐尧虞舜又继之，天下于斯为盛际。

中国传统中的大同社会

◎知得知失，可与为人；知存知亡，足别去凶。——晋·陈寿

> 帝尧，生卒不详，姓姜，名尧，帝喾少子，初封于陶，又封于唐，故有天下之号为陶唐氏。史亦称其为唐尧。

大同社会是中国古代儒家所宣传的最高理想社会。

从中国古代典籍中透露出来的信息可以看出，中国传统中的大同社会是奉行全民公有制度的。

这个全民公有的社会制度，包括权力公有和财物公有，而首先是权力的公有。权力公有的口号是"天下为公"，具体措施是选贤与能，讲信修睦。管理社会的是被选举出来的贤能，而选举贤能的权力在于"天下"，也就是全社会的民众，所以说权力公有。其所以要明确权力公有，是人们从实践中认识到权力可以改变一切，也可以攫取一切。只有取消权力的个人垄断，才能保证社会的其他方面不受垄断；只有坚持权力的公有，才能保证社会其他方面的公有。所以"天下为公"的口号其性质是与王权根本对立的，是反王权的。《礼记正义》解释说："天下为公，谓天子位也，为公谓揖让而授圣德，不私传子孙，即废朱、均而用舜、禹也。"《正义》是在追述中国上古时代的大同事例，所以举出尧不以帝位传其子丹朱而传给舜，舜又不传其子商均而传禹的事例以资证明。《正义》虽然也承认"天下为公"首先是指最高统治的帝位，但从所举事例看，不全是《礼运》所说的大同，因为尧、舜虽然没有把帝位

传给自己的子孙，但在思想上是把"天下"作为私有物来"禅让"的；而且又是在不得已的情况下让人的。《史记·五帝本纪》写道："尧知子丹朱之不肖，不足授天下，于是乃权授舜。授舜，则天下得其利而丹朱病；授丹朱，则天下病而丹朱得其利。尧曰：终不以天下之病而利一人，而卒授舜以天下。"尧、舜与"大同"的区别在于：尧、舜的禅让是权宜性的，大同的选贤与能是制度化的；尧、舜是个人指定的，大同是"天下"选举的；尧、舜是终身制的，大同是非终身的。在大同世界里，就根本不存在帝与王。大同社会应有一套选贤与能的管理体制。

这个体制是包括中央与地方的。天下既然是天下人的天下，地方更是地方人的地方。地方事务由地方民众选举贤能之士负责管理。这里的选举指的是民举，而不是官举，官举与民举的性质是不同的，汉儒解释说："选贤与能者，向明不私传天位，此明不世诸侯也。国不传世，唯选贤与能也，黜四凶，举十六相之类是也。"汉儒虽然也以"天下为公"和"选贤与能"，分别指中央和地方政权，但用的仍是尧、舜的典故。尧、舜一方面禅让帝位，一方面选贤与能，做了许多好事，但都是执政者的德政，而民众却未参与决策，因而其并不是大同世界本来意义上的选举。随着时间的推移，选举的性质一再改变，迨至隋唐，竟成了专指朝廷对士人的选拔，自《唐书》直至《明史》，均辟有《选举志》，记载历代的科举情况，选举与民众便彻底绝缘了。中国原始的大同社会理念随着历史的发展也在不断地变味。

大同社会强调自觉地讲信修睦的人际关系。

信与睦是良好人际关系的核心，而"天下为公"才是建立良好人际关系的前提和基础。"天下为公"，人人是社会的一员，社会有每人的一份，衣食有着，地位平等，无胁迫的可能，无依附的必要，是大同世界人际关系总的概括。

大同社会追求人得其所的社会保障。

大同世界描绘的社会是人人敬老，人人爱幼，无处不均匀，无人不饱暖的理想社会。在这里，人们视他人父母如自己父母，视他人子女如自己子女。"老有所终，壮有所用，幼有所长，鳏寡孤独废疾者，皆有所养。"任何人都能得到社会的关怀，任何人都主动关心社会。男有室，女有家，社会和谐，人民安康。

大同社会里设想人人为公的社会道德。

在这里，人们有高度的责任心，对社会财富十分珍惜，憎恶一切浪费现象，也反对任何自私自利的行为。"货恶其弃于地也，不必藏于己。"货弃于地是可耻的，货藏于己同样是可耻的。大同社会里每个人都有各尽其力的劳动态度。

在这里，劳动已经成了人们高度自觉而又十分习惯的活动。"力恶其不出于身也，不必为己。"能劳不劳是可耻的，劳而不尽其力也是可耻的，劳动只为了自己同样是可耻的。正是人们这种不计报酬、高度自觉的劳动态度支撑了大同世界的理想社会，而大同世界高度民主的政治制度和切实可靠的社会保障又是这种劳动态度产生的前提和基础。社会给人们提供了和谐优越的生存条件，人们回报社会以高度的自觉劳动，二者互为条件，互为因果，而又互相促进。受中国传统中大同社会理想的影响，人们写了许多反映自己理想社会的文学作品，最著名的就是陶渊明的《桃花源记》。但中国传统中的大同社会无论如何也是不能和建立在社会文明高度发达的科学共产主义相提并论的。

◎故事感悟

儒家信奉的大同社会在人类发展史上实际上是原始共产主义在上古社会中的遗存和反映，是在人类物质生活十分匮乏的情况下，为了繁衍生存而不得不实行的一种社会形态，是由生产力水平低下而决定的。

社会进入阶级社会后，私有制已无可挽回地取代了原始的公有制。儒家的大同社会理想纯粹是空想，是不可能实现的。而只有科学共产主义才能真正实现人类的共同理想——天下大同。但儒家的大同思想还是有一定进步意义的。

◎史海撷英

唐尧继位

唐尧的祖父是帝挚青阳氏政权的十四任帝姜美，父亲是十六任帝姜斯遂，十五任帝姜斯绩是他的伯父，十七任帝姜匡二（帝鸷）是他的长兄。

唐尧的父亲姜斯遂，娶陈锋氏女子庆都为妻，居住在丹陵。后来庆都怀孕，在丹陵宫中生下了尧。尧是在丹陵长大的，他从小就聪明好学、多谋善辩，有大智慧，15岁时被父亲封在了陶邑（今山东菏泽市南陶丘），18岁时又改封于唐邑（今河北保定市唐县西北），始称唐尧。

唐尧领导全国各大氏族联盟集团战胜自然灾害，平定国内的叛乱，取得了天下百姓的拥护。于是，各氏族联盟的大酋长向姜匡二发难，逼迫他退位。姜匡二虽然不甘心退位，但是，面对强大的氏族联盟阵营和年富力强且咄咄逼人的弟弟，自知无力抗争，不得不走下天子的宝座，将帝位禅让给弟弟唐尧。

唐尧的父亲姜斯遂就是史书上所说的帝喾。帝喾生有四子，长曰鸷，次曰弃，三曰契，四曰尧。鸷就是帝挚青阳氏的末任帝姜匡二，他即位后重用亲信，贪图享乐，致使万民叛离，天怨人恨，灾害频发，动乱四起。当时尧被封在唐邑，其统治区域主要在今唐县、望都、完县、曲阳等地。在中原和陕甘地区连年大旱的时候，北方也同样遭到了旱魔的袭击。但是，唐尧领导当地居民拦河筑坝，引水灌田，从而战胜了旱魔，夺得了丰收，使唐邑成为当时的富裕之地。于是，许多外地灾民纷纷逃往唐邑，向唐尧求助。尧以慈悲为怀，无私的救助各地灾民，赢得了万民的敬仰。

◎文苑拾萃

击壤歌

日出而作，日入而息。

凿井而饮，耕田而食。

帝力于我何有哉？

孔子崇尚理想社会"大同"

◎与民偕乐，故能乐也。——《孟子·梁惠王上》

孔丘（公元前551年—前479年），字仲尼。春秋时期鲁国人。孔子是我国古代伟大的思想家和教育家，儒家学派创始人，世界最著名的文化名人之一。编撰了我国第一部编年体史书《春秋》。据有关记载，孔子出生于鲁国陬邑昌平乡（今山东省曲阜市东南的南辛镇鲁源村）；孔子逝世时，享年73岁，葬于曲阜城北泗水之上，即今日孔林所在地。孔子的言行思想主要载于语录体散文集《论语》及先秦和秦汉保存下的《史记·孔子世家》。

孔子出生在鲁国一个没落贵族家庭，六世祖孔父嘉是宋国的司马，被华督杀死，其子逃奔鲁国避难，后来就定居鲁国。孔子的父亲叔梁纥是鲁国昌平乡陬邑（今山东泗水县南）的一个职位不高的武官。他在年迈时，娶了一个年轻姑娘颜征在，即孔子的母亲。孔子的父母曾在尼丘山祷告求子，以后生下了孔子，所以给他取名孔丘，字仲尼。

孔子3岁时，他的父亲就去世了。孔子从小勤奋好学，刻苦读书，掌握了西周时代流传下来的六艺（礼、乐、射、御、书、数）知识，熟悉了古代的典章制度。青年时代的孔子，在曲阜城内就以崇古好古、知识渊博而出了名。

孔子最初当过管理牛羊的小官，到30岁的时候，就招收了一批学生，开始了私人讲学生涯。以后，跟他学习的人越来越多，弟子有3000多人，著名的有颜渊、子路、子贡等72人。孔子在我国历史上首先开创了私学（私人设立的学校），他和他的学生形成了一个重要的学派——儒家学派。

孔子推崇理想的大同社会，他给弟子们描绘理想的社会大致是这样的：在实施正确的方针政策时，可以让举国上下自觉崇尚社会公德。把德能兼备的人才选拔到领导岗位上来，都来讲究信义、构建和谐。因此，人们不只是尊敬赡养自己的父母，不只是慈爱抚育自己的子女，还要使所有的老年人能老有所养、终其天年，有劳动能力的中年人都有工作收入，小孩子们能受到教育、顺利成长，让那些老光棍、老寡妇、没了父亲的孩子、没了后代的老人们以及残疾病人等，都能得到基本的生活保障。男人要有职业，女子要及时嫁人。人们憎恶不爱惜钱财的行为，却不是把钱藏在家里而为了独自享用；人们也憎恶那种在共同劳动中不肯尽力和只谋私利的行为。这样一来，社会上就不会有搞阴谋欺诈、抢劫偷盗和危害社会治安的人了，家家户户也不用关上大门了，这样的社会就叫做大同社会。

孔子的政治思想集中表现在"仁"学上。孔子提倡"仁者爱人"、"克己复礼为仁"，也就是说，社会中每一个人都应该努力克服各种错误和缺点，加强思想道德修养，提高自身文化素质，做一个仁者。这样一个"仁"者，最基本最起码的要求，就是他所不希望得到的东西，他做不到的事情，也不要强迫别人去做到。同时，在思想道德方面也可为全社会的普通人做一个榜样，用自己的道德力量去感化别人，推动社会向着和谐美好的方向发展。因此，包括统治者在内的所有人都应该具有一颗"爱人"之心。

孔子提倡的"爱人"思想，一定程度上反映了对人"包括劳动者在内"的重视，毕竟是一种进步思想，有进步意义。但在阶级社会中，要想调和阶级矛盾，实行一种超乎阶级之上的普遍的"仁"的主张，显然是行不通的。而且孔子提倡"仁"的终极目的还在于"克己复礼"——就是在当时社会普遍"礼崩乐坏"情况下，妄想通过实行"仁"达到恢复过去的西周时代的那种天子、诸侯、卿大夫、士、庶民等级森严的统治秩序。这显然也是不合时宜。孔子是想通过提倡"仁"来实现他所谓的"大同"，因此他还极力推行教育事业。

孔子办教育，推广私人讲学，这对打破"学在官府"、贵族垄断教育是有贡献的。他的"有教无类"的主张，实际上是一种平民主义教育思想。孔子在教学实践中还十分重视启发学生的学习自觉性、主动性，强调实事求是的学习态度。他还重视互相学习，"不耻下问"，取长补短。他说"三人行必有我师"，应该经常请教别人。他还重视学习与独立思考、学习与复习的关系，认为学习而不思考则等于没学，光是思考而不学习的人也是很危险的。孔子提倡"因材施教"，不搞一刀切，要求学生对所学知识能够"举一反三"，触类旁通。

◎故事感悟

孔子的教育思想是我国教育史上一笔极为丰厚的文化遗产，他所倡导的"大同"学说当然在当时是无法实现的，但却表现了古人对"大同"社会的美好愿望，对于我们今天的现实社会仍然具有重要的借鉴意义。

◎史海撷英

孔子的政治生涯

孔子幼年时就极为聪明好学，20岁的时候，学识就已经非常渊博，被当时人称赞为"博学好礼"。同时，鲜为人知的是孔子继承了父亲叔梁纥的英勇，身高9尺6寸，按西汉尺23.1厘米计算，是221.76厘米，且臂力过人，远非后世某些人认为的文弱书生的形象。并且，孔子酒量超凡，据说从来没有喝醉过。但孔子从不以武勇和酒量为豪。

孔子自20多岁起就想走仕途，所以对天下大事非常关注，经常思考治理国家的诸多问题，也常发表一些见解。到30岁时，他已有些名气。鲁昭公二十年，齐景公出访鲁国时召见了孔子，与他讨论秦穆公称霸的问题，孔子由此结识了齐景公。鲁昭公二十五年，鲁国发生内乱，鲁昭公被迫逃往齐国，孔子也离开鲁国，到了齐国，受到齐景公的赏识和厚待，甚至曾准备把尼溪一带的田地封给孔子，但被大夫晏婴阻止了。鲁昭公二十七年，齐国的大夫想加害孔子，孔子听说后向齐景公求救，齐景公说："吾老矣，弗能用也。"孔子只好仓皇逃回鲁国。当时的鲁国，政权实际掌握在大夫的家臣手中，被称为"陪臣执国政"，因此孔子虽有过两次从政机会，却都放弃了，直到鲁定公九年被任命为中都宰，此时孔子已51岁了。

孔子治理中都（今汶上县）一年，卓有政绩，被升为小司空，不久又升为大司寇，摄相事，鲁国大治。鲁定公十二年，孔子为削弱三桓（季孙氏、叔孙氏、孟孙氏三家世卿，因为是鲁桓公的三个儿子的后代，故称三桓。当时的鲁国政权实际掌握在他们手中，而三桓的一些家臣又在不同程度上控制着三桓），采取了堕三都的措施（即拆毁三桓所建城堡）。后来堕三都的行动半途而废，孔子与三桓的矛盾也随之暴露。鲁定公十三年，齐国送80名美女到鲁国，季孙氏接受了女乐，君臣迷恋歌舞，多日不理朝政，孔子非常失望。不久鲁国举行郊祭，祭祀后按惯例送祭肉给大夫们时并没有送给孔子，这表明季氏不想再任用他了。孔子在不得已的情况下离开鲁国，到外国去寻找出路，开始了周游列国的旅程。这一年，孔子56岁。

孔子带弟子先到了卫国，卫灵公开始很尊重孔子，按照鲁国的俸禄标准发给孔子俸粟6万，但并没给他什么官职，没让他参与政事。孔子在卫国住了约10个月，因有人在卫灵公面前进谗言，卫灵公对孔子起了疑心，派人公开监视孔子的行动，于是孔子又带弟子离开卫国，打算去陈国。路过匡城时，因误会被人围困了五日，孔子逃离匡城，到了蒲地，又碰上卫国贵族公叔氏发动叛乱，再次被围。逃脱后，孔子又返回了卫国，卫灵公听说孔子师徒从蒲地返回，非常高兴，亲自出城迎接。此后孔子几次离开卫国，又几次回到卫国，这一方面是由于卫灵公对孔子时好时坏，另一方面是孔子离开卫国后没有去处，只好又返回。

鲁哀公二年（孔子59岁），孔子离开卫国经曹、宋、郑至陈国，在陈国住了三年，吴攻陈，兵荒马乱，孔子便带弟子离开。楚国人听说孔子到了陈、蔡交界处，派人去迎接孔子。陈国、蔡国的大夫们知道孔子对他们的所作所为有意见，怕孔子到了楚国被重用，对他们不利，于是派服劳役的人将孔子师徒围困在半道，前不靠村，后不靠店，所带粮食吃完，绝粮七日，最后还是子贡找到楚国人，楚派兵迎孔子，孔子师徒才免于一死。孔子64岁时又回到卫国，68岁时在其弟子冉有的努力下被迎回鲁国，但仍是被敬而不用。

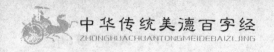
◎文苑拾萃

大学者孔子

孔子的父亲是鲁国的一个小贵族，他刚生下来父亲就去世了。孔子小时候就喜欢模仿祭祀的游戏，是个很聪明的小孩。孔子出身并不高贵，当初鲁国大贵族季氏招待士族，孔子也去了，季氏的家臣阳虎骂他："季氏招待士族，你跑来干吗？"孔子只好退下。

孔子虽然很穷，但他担任任何职务都能干得很好。南宫敬叔向国君推荐了孔子，请让他去出使周。孔子到了东周后，在那里学到了很多知识，尤其和老子的交情更是留下一段佳话。孔子回到鲁国后继续收学生，学生数量越来越多。

孔子30岁那年，齐景公和晏婴来鲁国访问，齐景公问孔子："当年秦穆公的国家那么小，地方又偏僻，为何还能称霸？"孔子说："秦国虽然小，但志向大；地方偏僻，但行为端正。百里奚不过一个奴隶，秦穆公和他谈了三天就把国家交给他管理。像这样尊重人才，称王都没问题，称霸还算小的。"齐景公非常佩服这个年轻人的见解。

孔子最欣赏西周初期的礼仪制度，他一生的梦想就是恢复周公时期的礼仪，用"礼"来教化人心，从而实现天下太平，结束当时的战乱。

当时鲁国的大权是掌握在季、孟、叔三家大夫的手里，国君实际上没有实权。在孔子35岁那年，国君鲁昭公被三家大夫赶跑，孔子一怒之下跑到齐国，求见齐景公。他向齐景公谈了自己的政治主张，齐景公很敬佩孔子的才学，想用他。但齐国相国晏婴认为他的主张不切实际，齐景公就没有用他。孔子只好回到鲁国教书，他的学生越来越多，其中还有许多贵族子弟，他的名气也越来越大。

孔子为了实现自己的理想，克服了种种困难，甚至不惜冒生命危险。但由于他的政治主张不切实际，在外面奔波了七八年，还是没能让别人接受他的政治主张。在他68岁的那一年，他的一个学生冉有当了季康子的家臣，受到重用，出兵打败了齐国的军队。冉有劝说季康子将孔子迎回国，季康子就用很高的礼节请孔子回到了鲁国。

孔子岁数也很大了，他被鲁国人称为"国老"，很受尊敬。鲁国国君和季康子经常就一些国事来咨询孔子，但始终不重用他。孔子很失望，只好在家整理古代的文献资料，著书立说。孔子整理了《诗经》、《尚书》、《春秋》等多部文献，为保存我国历史资料做出了巨大贡献。这些书后来成为儒家的经典著作，是每个读书人必须研读的书目。

孔子还教育了许多优秀的学生，据说他的门徒多达 3000 人，出色的有 72 个。晚年的时候，孔子最喜欢的学生颜回早逝、子路战死，这极大地打击了孔子的精神。很快，在公元前 479 年，孔子走完了他的人生历程。

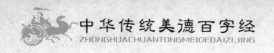
墨子的大同思想

◎将天下正大底道理去处置，便公；以自家私意去处
之，便私。——宋·黎靖德

墨子（公元前480—前390年），名翟，《墨子》一书中多称"子墨子"。是春秋末期战国初期的思想家、教育家、军事家和社会活动家，也是先秦诸子中唯一的自然科学家，墨家学派的创始人，并有《墨子》一书传世。

"大同"一词，最早见于《庄子·在宥》：

"世俗之人皆喜人之同乎己，而恶人之异乎己也。同于己而欲之，异于己而不欲者，以出乎众为心也。……大人之教，若形之于影，声之于响。……颂论形躯，合乎大同，大同而无己。无己，恶乎得有有。睹有者，昔之君子；睹无者，天地之友。"

在这里，"大同"谓与天地万物融合为一，是指"养心"应当达到"忘物"、"忘我"的境界。而第一次对"大同社会"做出完整解释的是汉代的《礼记·礼运》，其中说：

"大道之行也，天下为公。选贤与能，讲信修睦。故人不独亲其亲，不独子其子，使老有所终，壮有所用，幼有所长，鳏寡孤独者皆有所养，男有分，女有归。货恶其弃于地也，不必藏于己；力恶其不出于身也，不必为己。是故谋闭而不兴，盗窃乱贼而不作，故外户而不闭，是谓大同。"

从字面来解释，所谓"大同"就是——完全相同，无所不同，一切皆同——没有尊卑等级，没有贫富悬殊，没有种族差异，没有国界纷争。"大同社会"，就是"天下为公"——"天下"为全体人民所共有，财富为"天下"人民所共享，任何人都能得到社会的关怀，任何人都主动关心社会；没有亲疏之别，没有奸诈谋略，社会和谐，人民安康。

《礼记·礼运》篇是汉儒传下来的，这里面引用孔子的话就只能供参考。孔子本人对"大同社会"思想的论述和墨子很有不同。因为孔子是维护"周礼"和"君臣父子"的等级制度的，孔子所向往的其实是私有制的"小康社会"。儒家讲究"和而不同"。《论语·子路》："君子和而不同，小人同而不和。"何晏《集解》："君子心和然其所见各异，固曰不同。"

事实上，人类"大同社会"的思想来自墨子，墨子是受老子影响在中国历史上第一个提出"大同社会"的思想家，尽管他没有明确提出"大同社会"的概念，但他提出的"大同社会"的伟大构想却影响了人类几千年，其功绩不可磨灭。

墨子政治理论的核心是"尚同"。《墨子》书中有《尚同》篇。"尚同"即"上同"，墨子主张：治国之道在于，人们的意见应当统一于上级——百姓上同于里长；里长上同于乡长；乡长上同于国君；国君上同于天子，天子最终上同于"天"。这是墨子针对当时国家混乱而提出的政治纲领。墨子认为，天下混乱是由于没有符合天意的好首领，因此主张选择"仁人"、"贤者"担任各级领导，他们爱国利民，造福于百姓。百官爱民，百姓安康，就能够达到天下大治。天下既然得到治理，天子就使得天下之人思想统一，并与天道保持一致。只有取信于民、依靠众人共同治理国家，才会取得如此巨大的胜利。

总之，墨子认为，"尚同"是治国执政的根本与关键，只有做到了"尚同"，才能实现"天下大治"。

而墨子的"尚同"思想，和《孙子兵法》又有很大渊源。《孙子兵法·计篇》："道者，令民与上同意也……"孙子的原文如下：

故经之以五事，校之以计，而索其情：一曰道，二曰天，三曰地，四曰将，五曰法。道者，令民与上同意也，可与之死，可与之生，而不畏危也；天者，阴阳、寒暑、时制也；地者，远近、险易、广狭、死生也；将者，智、信、仁、勇、严也；法者，曲制、官道、主用也。

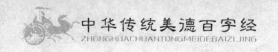
"凡此五者，将莫不闻，知之者胜，不知者不胜。故校之以计，而索其情，曰：主孰有道？将孰有能？天地孰得？法令孰行？兵众孰强？士卒孰练？赏罚孰明？吾以此知胜负矣。"

在这段话中，孙子主要谈战略的相关要素，提出了"五事七计"。"道"就是"五事"之一。

孙子的这段话意思是说："要想打胜仗，要以如下五个根本方面的因素为基础，去对敌我双方的情况进行比较分析和评估，从而探索战争胜负的情势。"这五个根本方面即：一是"道"，二是"天"，三是"地"，四是"将"，五是"法"。所谓"道"，就是要使民众与君主同心同德，可与君主同生共死而不会惧怕危险。所谓"天"，就是指昼夜、寒暑与四季的更替。所谓"地"，就是指道路的远近、地势的平坦艰险、开阔狭窄与高低向背等地理条件对部队安危的影响。所谓"将"，就是要求将帅要具备足智多谋、赏罚有信、爱抚士卒、勇敢果断和严格要求等五种品格。所谓"法"，就是指军队的组织层次结构，责权划分，资金物资调配。凡属上述五个方面的事，身为将帅，都必须十分清楚。清楚这些情况，就能打胜仗；不清楚这些情况，就不能打胜仗。

所以要对敌我双方的情况进行比较分析，从而探索战争胜负的情势：哪方的领导与部下心志相通？哪一方的将帅贤能？哪一方占有天时、地利？哪一方的法令能够执行？哪一方的武器装备精良？哪一方的士卒训练有素？哪一方的赏罚公正严明？我们根据上述情况，就可预知谁胜谁负了。

这个"道"就是后来孟子所说的"得道者多助，失道者寡助"之"道"。"道者，令民与上同意也，可与之死，可与之生，而不畏危也"，所谓"道"，就是要使民众与上级（军官、君主）同心同德，可与上级（军官、君主）同生共死而不会惧怕危险。这就是"上同"。

在孙子这里，"上同"还不是一个词，而是两个词，"上"是上级（军官、君主），"同"是同心同德。后来就变成一个词了。

春秋时，周天子大权旁落，"政多出门"，诸侯列国间竞争日趋激烈。墨子面对兼并日益激烈的战国形势，坚决反对侵略战争，同情饱受战争之苦的劳动人民，同情被侵略的弱小国家，渴望出现一个大一统的中央集权政府。于是他就把《孙子》中的这个"上同"加以引申发挥和改造，成为建立一元化中央集权政府的理论体系——"尚同"思想。

墨子为实现他所憧憬的一元化政体，订下一条指令性的原则："上同而不下比。""上同"就是与上级保持高度一致，同心同德；"不下比"就是，下边的百姓不准比周勾结，对当地的政治情况有所隐匿。换言之，唯有以天下百姓为耳目，高高在上的天子才能赏善惩恶，顺利推行政体的运作。

《尚同·中》说："是以数千万里之外有为善者，其室人未遍知，乡里未遍闻，天子得而赏之。数千万里之外有为不善者，其室人未遍知，乡里未遍闻，天子得而罚之。是以举天下之人皆恐惧振动惕栗，不敢为淫暴，曰：天子之视听也神。"

可见墨子主张：天下之人，都可以随时向天子反映情况，好与坏均可，这样天子就能够聪明圣智，无所不知，惩恶扬善。人们就不敢为恶了。如此，则可以实现天下大治。

而这，正是天下万民"上同"于天子的最好说明。

这个"上同"的主张，在墨子的时代，是根本行不通的，墨子漠视了天子和百姓之间的阶级鸿沟，但是墨子的大同思想却揭示了一个道理：即"大同社会"必须是没有阶级的。

《尚同》理论的出发点是：在"未有政刑"的初民社会里（奴隶社会早期），人人追逐自己的私利，人人有自己的意见，"天下之百姓皆以水火毒药相亏害。……天下之乱，若禽兽然"。欲使政治及社会上轨道，唯有人民自乡里而上，层层都服从各级的"政长"，最后所有各级的人民和政长都绝对服从于天子。而天子则"上同"于天。这种政体一定是公正合理的，因为天子是上天为人民福利而选择出来的。

这显然是孙子"道者，令民与上同意也"的理论范畴最大可能的延伸和提升，并且更加系统化。

《尚同》上、中、下三篇一再出现"一同天下之义"的语句。下篇更进而

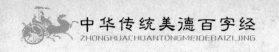
推论："治天下之国，若治一家；使天下之民，若使一夫。……圣王皆以尚同为政，故天下治。"

可见，在墨子看来，"尚同"作为治国的理念，最终的结果就是使"天下一家"、"万众一心"，这样就可以"天下大治"。

"尚同"的最终结果就是实现"天下大治"，即"天下大同"（一切人都"上同"于天子）。为达此目的，就需要人们做到如下两个方面："兼爱"与"非攻"。

墨子主张仁爱之君治理国家，务求"兴天下之利，除天下之害"。

什么是天下之害？用墨子的话说，就是：

然当今之时，天下之害，孰为大？曰：若大国之攻小国也，大家之乱小家也，强之劫弱，众之暴寡，诈之谋愚，贵之敖贱，此天下之害也。又与为人君者之不惠也，臣者之不忠也，父者之不慈也，子者之不孝也，此又天下之害也。又与今人之贱人，执其兵刃毒药水火，以交相亏贼，此又天下之害也。

墨子认为，"天下之害"是由"别"即"恶人、贼人者"产生的；"天下之利"由"兼"即"爱人而利人者"产生的。因此，他提倡"兼以易别"，并比较了"别士"与"兼士"的不同：

谁以为二士，使其一士者执别，使其一士者执兼。是故别士之言曰："吾岂能为吾友之身，若为吾身？为吾友之亲，若为吾亲？"是故退睹其友，饥即不食，寒即不衣，疾病不侍养，死丧不葬埋。别士之言若此，行若此。

兼士之言不然，行亦不然。曰："吾闻为高士于天下者，必为其友之身，若为其身；为其友之亲，若为其亲。然后可以为高士于天下。"是故退睹其友，饥则食之，寒则衣之，疾病侍养之，死丧葬埋之。兼士之言若此，行若此。

可以看出："别士"不把朋友当做自己看待，也不把朋友的亲人当做自己的亲人看待。他看着朋友饥、寒、病、死而无动于衷，一概不管。"别士"自私冷酷，没有爱心，心里只有他自己。

"兼士"则不同：他把朋友当做自己看待，把朋友的亲人当做自己的亲人看待。他对待朋友"饥则食之，寒则衣之，疾病侍养之，死丧葬埋之"，完全像对待自己的亲人一样。"兼士"大公无私，博爱众人，爱人如爱自己，心里装着天下人。

墨子把天下的国君也分成两种，"别君"和"兼君"，并比较了他们的不同：

谁以为二君，使其一君者执兼，使其一君者执别。是故别君之言曰："吾恶能为吾万民之身，若为吾身？此泰非天下之情也。人之生乎地上之无几何也，譬之犹驷驰而过隙也。"是故退睹其万民，饥即不食，寒即不衣，疾病不侍养，死丧不葬埋。别君之言若此，行若此。

可见，"别君"不把万民之身视为己身，对待万民的饥、寒、病、死而无动于衷，一概不管。他是只管自己享乐，不管老百姓死活的昏君。

兼君之言不然，行亦不然，曰："吾闻为明君于天下者，必先万民之身，后为其身，然后可以为明君于天下。"是故退睹其万民，饥即食之，寒即衣之，疾病侍养之，死丧葬埋之。兼君之言若此，行若此。

"兼君"他先考虑万民，然后才考虑自己。对待老百姓"饥即食之，寒即衣之，疾病侍养之，死丧葬埋之"。他是心里装着老百姓、爱民利民的明君。

墨子认为"兼"就是"仁"，就是"义"。"兼爱"就是真正的"仁义"。他提出"兼相爱、交相利"的主张，认为是完全可以实行的。墨子认为"先圣六王"都亲自实行过这个主张。

禹之征有苗也，非以求以重富贵，干福禄，乐耳目也；以求兴天下之利，除天下之害。即此禹兼也；虽子墨子之所谓兼者，于禹求焉。

《泰誓》曰："文王若日若月乍照，光于四方，于西土。"即此言文王之兼爱天下之博大也，譬之日月，兼照天下之无有私也。即此文王兼也；虽子墨子之所谓兼者，于文王取法焉！

《周诗》曰："王道荡荡，不偏不党；王道平平，不党不偏。其直若矢，其易若厎。君子之所履，小人之所视。"若吾言非语道之谓也，古者文、武为正均分，贵贤罚暴，勿有亲戚弟兄之所阿。即此文、武兼也，虽子墨子之所谓兼者，于文、武取法焉。

墨子认为，大禹、周文王、周武王都实行过"兼爱"的学说，为万民"兴天下之利，除天下之害"，如日月普照大地，无所偏私。他不过是向他们学习罢了。

墨子引用《诗经·大雅》："无言而不雠，无德而不报。投我以桃，报之以李。"即此言爱仁者必见爱也，而恶人者必见恶也。

又说："夫爱人者，人必从而爱之；利人者，人必从而利之；恶人者，人必从而恶之；害人者，人必从而害之。"

墨子在这些论述中又揭示了"大同社会"的另一个前提，即人的社会觉悟是否极大提高。

历史上儒家的"修身，齐家，治国，平天下"作为理想，固然是比较可取的；但因为儒家极力维护等级制度，是不可能"治好国"，更不可能"平天下"（使天下平等）的。

墨子的"大同思想"虽然有着良好的愿望，但在私有制不断发展的阶级社会里是不可能实现的。

因为人类在一个相当长的历史时期内不能真正做到完全彻底地消灭私有制度，不能真正做到同传统的所有制关系彻底决裂，不能做到同传统的思想（私有）观念彻底决裂，所以，所有对人类前景的美好理想，只能停留在思想层面。

由于墨子的学说在秦朝以后，中断了近两千年，在清朝初年才被再次发现，所以墨子其人与其思想均不被世人所熟知。但是作为两千多年前的中国古代思想家能提出如此深刻的思想，其智慧和拳拳爱民之心是令人敬佩的。

◎故事感悟

中国古代思想家在不同历史时期以不同的方式提出过很多大同社会的思想，并设计了很多种大同社会的模式。墨子无疑是他们中的佼佼者。但历史是有规律可循的，超越时代的思想可以探索，而超越时代的措施就会碰壁。无论如何，中国古人对理想社会的探索和追求是难能可贵的，为今人留下了宝贵的精神财富。

◎史海撷英

墨子多才艺

墨子擅长工巧和制作，在军事技术方面高于其他诸子，堪称博学多才。据说他能在顷刻之间将三寸之木削为可载千斤重的轴承。据《韩非子·外储说左上》载："墨子为木鸢，三年而成，一日而败。"他利用杠杆原理研制成桔槔，用于提水。他还制造了辘轳、滑车和云梯等，用于生产和军事。他还擅长守城技术（即所谓的"墨守"），其弟子将他的经验总结成《城守》21篇。

◎文苑拾萃

墨家学派

墨子死后，墨家分为三大派别，分别为相里氏之墨、相夫氏之墨和邓陵氏之墨。分别以谈辩，从事，说书为主要思想，其中谈辩即辩论，从事即研究科学，说书即教书和研究各种典籍。他们各自以为是正宗，谁也不服谁，甚至互相倾轧窝里斗，致使墨家元气大伤。到了战国后期，墨家三派又汇合成二支：一支转化为秦汉社会的游侠，另一支则注重认识论、逻辑学、数学、光学、力学等学科的研究，是谓"墨家后学"，亦称"后期墨家"。

可惜的是此后的时间，也就是从秦统一六国以后到清朝初年的近两千年里，墨学进入最低潮的时期。墨学基本上是处于停滞阶段，治墨者屈指可数，能找到的有：晋时的鲁胜、唐时的乐台、宋代的何芜及元代的陆友等。这些人名都生疏得浪，可谓是"凤毛麟角"。这其中的原因固然有秦始皇的"以法为教、焚百家之书"和汉武帝的"罢黜百家，独尊儒术"等政策，但也有墨家自身未能保持生机和活力，以适应社会历史发展的需要的内因。大抵说来，还是墨家那种以天下为己任的精神难以实行，加上墨家独特的巨子组织，已经是一种变相的神秘组织，既不如儒家有治世的理想，也不如道家可深植于心灵，更不如法家能被巧妙地应用在政治上，因此，墨家思想慢慢地没落了。

倡"太平"张鲁兴米道

◎有德之君，以所乐乐人；无德之君，以所乐乐身。
乐人者其长乐，乐身者不久而亡。——《后汉书》

> 张鲁（生卒年不详），沛国丰（今江苏省丰县）人。东汉末年割据汉中的军阀，汉末群雄之一。他是西汉留侯的十世孙、五斗米道教祖张陵的孙子。后投降曹操，官拜镇南将军，封阆中侯。有一子张富，又有一女，乃曹操之子曹宇之妻。

　　黄巾起义是我国历史上第一次大的农民起义，是由张角利用太平道发动和组织起来追求平等、渴望一个大同世界的，它是道教引起的第一次社会震荡。

　　据载，自汉桓帝到汉献帝时（147—220年），黄老道在民间十分活跃，传播迅速且广泛，以张角领导的太平道和张鲁的五斗米道最有影响。汉灵帝时（168—189年），河北巨鹿人张角得到了《太平清领书》，自称"大贤良师"，奉事黄老道，畜养弟子，以符水咒语为人治病，很受下层群众的信赖和推崇。十余年间，其教徒达数十万，几乎遍布华北。张角还利用东汉末年朝政腐败、民不聊生的社会条件，在下层群众中传教，广做造反起义的宣传，于184年以"苍天已死，黄天当立，岁在甲子，天下大吉"为口号，发动了一场声势浩大的农民起义。因起义军皆头裹黄巾为标志，故史称"黄巾起义"。

　　起义"旬日之间，天下响应，京师震动"，很快席卷了全国，太平道的信徒由"叩头首过"之士变成了燔烧官府的战士。经过十几个月的战斗，起义在东汉王朝的重兵围剿之下最终失败了，但斗争持续了十多年，对当时社会制度的打击是持久性的，它动摇了东汉王朝，使东汉王朝被随之崛起的新军阀爪分。可以说，黄巾起义虽然没有达到它最终追求大同社会的目的，但它是造成汉王朝覆灭，继而形成后来的"三国"鼎立的分裂局面的重要因素。

张角于华北传播太平道时，五斗米道在巴蜀地区也广泛地传播开来。

五斗米道大体上创立于汉顺帝、汉恒帝时，其创始人为张陵，后人尊称"张道陵"、"张天师"，因凡入道者都要交纳五斗米而得名。许多人前来投他为师，弟子多达数万人，他立祭酒统领道民。张陵死后，其子张衡传其业；衡死，其子张鲁又继传其业。汉献帝初平二年（191年），益州牧刘焉乘天下大乱，企图割据西南，任命张鲁为督义司马，袭击汉中太守苏固，以断绝由长安入蜀的道路。后来刘焉病死，其子刘璋继任益州牧，因张鲁不甚服从，刘璋杀害了鲁母家室，激起张鲁叛变。张鲁占据了汉中，成为汉末割据巴汉的地方军阀。他以五斗米道教民，建立了政教合一的政权组织形式，雄踞巴汉达30年之久，被汉帝封为镇民中郎将。在张鲁政权保护下，汉中人民生产发展，社会安宁，过着"民夷便乐之"的世外桃源式的生活。历史学家们对其颇感兴趣。

魏晋南北朝时期，也有许多农民起义是利用道教来号召和组织群众的。如李流、李特领导的"流民起义"，正是依靠天师道教主范长生的资助和支持，才由衰转兴，称雄蜀地的。东晋道士孙恩、卢循领导的反晋斗争，其部下也大都是信奉五斗米道的农民，共同的宗教信仰成为他们英勇斗争的精神支柱。

◎故事感悟

"追求平等，渴望大同"是每一起农民起义军的初衷。东汉时的道教和五斗米教拥有非常广泛的群众基础，几乎伸展到中国社会的各个阶层和各个角落，为广大的底层百姓所信奉和接受，这使得道教和五斗米教能够同一些群众政治运动相结合，成为古代农民起义的组织者和领导者。我国历史上的多次农民起义都是由道教和五斗米教组织和领导的，这些起义对加速封建王朝的垮台起了重要的历史作用。

◎史海撷英

张鲁与道德经

张鲁以《道德经》为五斗米道教的主要经典。为便于向其徒宣讲《道德经》，乃为之作注，名《老子想尔注》。提出"道""散形为气，聚形为太上老君，常治昆仑"；认为"道精""分之与万物，万物精共一本"；主张君臣民皆须"顺道意，知道真"，"行诚守道"。又认为，"生"是"道之别体"，道人"但归志于道，唯愿长生"，"道设生以赏善，设死以威恶"。只有"奉道诚"，将"积善成功"和"积精成神"二者结合起来，才能不死成仙。主张"治国之君务修道德，忠臣辅佐在行道"，指出如此一来，"道普德溢，太平至矣。吏民怀慕，则易治矣。悉如信道，皆仙寿矣"。还抨击儒家五经"半入邪"，"大伪不可用"；反对淫祀，认为"天之正法，不在祭馈祷祠"；对宣扬"圣人天所挺，生必有表"，"仙自有骨，非行所臻"的《河》《雒》纬书也予以否定，提出道徒"忠孝至诚感天"，通过修行自臻"仙寿"的观点。因此他尤其重视道徒的自身修养，倡导诚信，有病则忏悔己过。相传他又创涂炭斋等斋醮仪式。

◎文苑拾萃

《道德经》

《道德经》，又称《道德真经》、《老子》、《五千言》、《老子五千文》，是中国古代先秦诸子分家前的一部著作，为其时诸子所共仰，传说是春秋时期的老子李耳所撰写，是道家哲学思想的重要来源。道德经分上下两篇，原文上篇《德经》、下篇《道经》，不分章，后改为《道经》在前，《德经》在后，并分为81章。是中国历史上首部完整的哲学著作。

天下为主，君为客

◎居庙堂之高则忧其民，处江湖之远则忧其君。——《岳阳楼记》

　　黄宗羲（1610—1695年），字太冲，号南雷，尊称为南雷先生，晚年自称梨洲老人，学者称梨洲先生。明末清初经学家、史学家、思想家、地理学家、天文历算学家、教育家。学问极博，思想深邃，著作宏富，与顾炎武、王夫之并称明末清初三大思想家（或清初三大儒）；与弟黄宗炎、黄宗会号称浙东三黄；与顾炎武、方以智、王夫之、朱舜水并称为"清初五大师"，亦有"中国思想启蒙之父"之誉。

　　黄宗羲在《明夷待访录·原君》中，运用古今对照的手法，对现实社会中的君主进行了激烈的抨击。他说："古者以天下为主，君为客，凡君之所毕世而经营者，为天下也。"古代的君主是为人民谋利的，"不以一己之利为利，而使天下受其利；不以一己之害为害，而使天下释其害。此其人之勤劳必千万倍于天下之人"。而后世的君主却不然，"以为天下利害之权皆出于我，我以天下之利尽归于己，以天下之害尽归于人"，不惜以各种残酷险恶的手段将天下之财据为己有，"是以其未得之也，屠毒天下之肝脑，离散天下之子女，以博我一人之产业，曾不惨然，曰：'我固为子孙创业也。'其既得之也，敲剥天下之骨髓，离散天下之子女，以奉我一人之淫乐，视为当然，曰：'此我产业之花息也。'"封建君主享受天下之利，而将天下之害归于民众，却还美化这种"大私"的行为是"天下之大公"。黄宗羲揭露封建专制君主对天下的危害说："凡天下之无地而得安宁者，为君也"，君主对于人民进行残害和剥削，故君主的设立是社会的最大祸害："为天下之大害者，君而已矣。"

那么，如何解决君民之间的利害矛盾呢？黄宗羲认为，人类的本性是"人各自私"，"人各自利"，因此，古代那些"不以一己利为利"，"以千百倍之勤劳，而己又不享其利"的君主，是不合于人类"自私"、"自利"之本性的，"此非天下之人情所欲居也"，故随着时间的推移，君位就成了人们用以谋私利的工具，而失去了人民设立君主的初衷。既然如此，他认为，防止君主殃民的最好方案就是取消君主，让人们自由地获取自己的私利："向使无君，人各得自私也，人各得自利也。"

当然，黄宗羲也认识到，在当时的历史条件下，完全废除君主又是不现实的，其取消君主的理想只能限于"向使无君"的美好假设。出于这一认识，他又试图依靠臣下来制约君主，并设计了理想社会中所应有的君臣关系，以及作为国家重臣所应尽的职责。

黄宗羲认为，在设立了"天下之法"的情况下，可以不废除君主，但却要实行群臣分而治之的原则。他在《原臣》中说："缘夫天下之大，非一人之所能治，而分治之以群工。故我之出而仕也，为天下，非为君也；为万民，非为一姓也。""群工"即群官，"工"、"官"同声，义通。这就是说，天下必须由群臣共同来治理，故大臣出来任职不是为君主个人，而是为了天下万民。出于这一目的，臣子们就不能屈从于封建君主的淫威，"吾以天下万民起见，非其道，即君以形声强我，未之敢从也，况于无形无声乎！非其道，即立身于其朝，未之敢许也，况于杀其身乎"。

黄宗羲指出，在现实社会中，臣子们颠倒了为臣之道，认为"臣为君而设者也"，自己的一切都是君主给予的："君分吾天下而后治之，君授吾以人民而后牧之，视天下人民为人君囊中之私物。"因此，臣下的一切政治活动都是为了君主的利益而进行的："今以四方之劳扰，民生之憔悴，足以危吾君也，不得不讲治之、牧之之术；苟无系于社稷之存亡，则四方之劳扰，民生憔悴，虽有诚臣，亦以为纤介之疾也……"他指责说，这种为君而不为民的原则是极其错误的，大臣不重视解救民众的患难，即使能够辅助君主而兴天下，或是跟随君主以殉难，也背离了为臣之道："为臣者轻视斯民之水火，即能辅君而兴，从君而亡，其于臣道固未尝不背也。"

　　他告诫说，大臣作为政府官员，应该以为天下之人服务作为自己的价值目标，而不能只效忠于君主，"出而仕于君也，不以天下为事，则君之仆妾；以天下为事，则君之师友也"。为君和为天下这两种不同的价值目标决定着大臣将扮演两种完全不同的社会角色，如果臣下为"君主之一身一姓"，就会一味顺从君主，那么，这就只是"宦官宫妾之心"，只是"君之仆妾"，而不能算一位堂堂的"臣子"。

　　他指出，臣下应该勇敢地担负起自己的责任，与君主共同治理天下。他设想的君臣共同治理社会的美好图景是这样的："夫治天下犹曳大木然，前者唱邪，后者唱许。君与臣，共曳木之人也；若手不执绋足不履地，曳木者唯娱笑于曳木者之前，从曳木者以为良，而曳木之职荒矣。"君与臣共治天下就如同一起牵拉大木，齐心协力，前呼后应，共同唱着举重劝力的劳动号子，君臣各自发挥着自己的作用，各自尽着自己的职责；如果只是摆样子，走形式，或娱乐嬉戏，随人而动，那就没有履行曳木之职，不能完成好曳木的工作。

　　为了真正地实现"分治之以群工"的想法，他认为要设治"政事堂"。"政事堂"是行使政权的最高行政机关，它统领着国家的内务、军事、财政和司法等各方面的事务。黄宗羲的这一设想是针对中国封建社会中封建皇权日益集中的弊端而发的，在封建专制皇权高度发展的明代，各种权力集于皇帝一身，事无巨细，皇帝统统都要过问或亲自处理，各级官吏无法在治理国家的事务中发挥自己应有的作用，由此而产生诸多弊病。正如王船山所提出的那样，君主"与民竞智"、"与庶官争权"，"与民竞智而挠之者益工，与庶官争权而窃之者益密，明敏之过，终之以昏"；又导致了政府机构的工作效率低下，各级官员丧失责任心。黄宗羲有鉴于此，强调由"政事堂"的各个部门分别管理国家政务，改变君权高度集中的现状，体现了其反对封建专制独裁的进步思想。

　　在"政事堂"等行政机构之外，黄宗羲又主张由学校行使立法和监察权，在《学校》一文中他提出："必使治天下之具皆出于学校"，学校应该像"东汉太学"那样，"危言深论，不隐豪强"，"天子之所是，未必所是，天子之所非，未必非。天子亦不敢自为非、是，而公其非、是于学校"。他设想了由"太学"

行使立法和监察权的具体方法："每朔望日，天子临幸太学，宰相、六卿、谏议皆从之。祭酒南面讲学，天子亦就弟子之列。政有缺实，祭酒直言无讳。"学校君主带领众官员听取学校负责人"祭酒"讲学，而学校负责人则可以当面指陈政府或君主的过失。各地的立法和监察机构亦与此相类似："郡县朔望大会一邑之缙绅士子，学官讲学，郡县官就弟子列，北面再拜。……郡县官政事缺失，小则纠绳，大则伐鼓号于众。"黄宗羲设想，由学校负责人行使对君主和政府官员的教育职能，对国家行政机关的政策进行评论和批评，提出自己的施政建议，执行立法和监察职能。这种学校议政的主张，是对封建社会中"庶民不议"这一观念的否定，也是对东林党和复社的政治斗争经验的肯定和发展。

黄宗羲还设想，理想社会应该立"天下之法"，以法来治理天下。他所说的"法"，是有其特定含义的。他认为，三代以上才有法，而三代以下并没有真正的法。为什么这样说呢？他阐述说："二帝、三王知天下之不可无养也，为之授田以耕之；知天下之不可无衣也，为之授地以桑麻之；知天下之不可无教也，为之学校以兴之；为之婚姻之礼以防其淫；为之卒乘之赋以防其乱；此三代以上之法也，固未尝为一己而立也。"这种为了保障天下之人的基本物质生活，为了保证正常的生产秩序和社会秩序，为了教化百姓，而不是为谋取君主个人的私利而设立的各种法律制度，才能算得上是法。而在封建专制制度下，封建君主为了维护其一姓之私利而设立的"一家之法"是不能称之为"法"的。

在中国封建社会中，人们普遍认为治理好天下主要依靠明主而不是依靠法度，黄宗羲针对这一论点，提出了"有治法而后有治人"的观点。所谓"有治法而后有治人"，就是强调法度在治国安民中的重要作用。他认为，当天下没有合理的法度，人们被"一家之法"所束缚的情况下，即使有能治天下的"治人"也是无济于事的，他说："自非法之法桎梏天下人之手足，即有能治之人，终不胜其牵挽嫌疑之顾盼，有所设施，亦就其分之所得，安于苟简，而不能有度外之功名。"相反，如果设立了合理的法度，则即使治天下者不甚贤明，也不至于对民众造成太大的灾难："使先王之法而在，莫不有法外之意存乎其间；其人是也，则可以无不行之意；其人非也，亦不至深刻罗网，反害天下。"基于上述认识，黄宗羲得出结论说："故曰有治法而后有治人。"

总之，黄宗羲在封建专制制度下能够大胆地否定封建君主的统治，提出由群臣共治天下，并设立一系列机构来推动这一原则的实行，反映了启蒙思想家渴望抑制封建独裁君主，扩大封建政权的统治基础的要求，故其仍然是有积极意义的。当然，对于如何行使群臣共治天下，如何保证学校对于封建政府行使监察权，《明夷待访录》中没有能够做出明确的设想，这正反映了黄宗羲所代表的市民阶级在政治上的不成熟性。

◎故事感悟

黄宗羲否定了封建专制主义下的"一家之法"，主张设立"藏天下于天下"的"天下之法"作为治理天下的基本纲领，取代封建君主的统治。他所提出的"天下之法"，是反映了广大民众利益的法度，在当时资本主义萌芽已经产生的历史条件下，立"天下之法"以治天下的政治理想，代表了市民阶层和一般民众的利益，有很大的进步意义。

◎史海撷英

黄宗羲的赋税思想

黄宗羲是明清之际著名思想家。黄宗羲反对日益苛重的赋税征收，他说"吾见天下之田赋日增，而后之为民者日困于前"，指出江南的田赋特重，有些田亩将一年的产量"尽输于官，然且不足"。他分析了使人民苦于"暴税"的三害"有积累莫返之害"，指税制每经过一次改革，都导致赋税的进一步加重；"所税非所出之害"，指田赋征银，银非农业生产之所出，纳税者因折银而加重负担；"田土无等第之害"，指不分土地的肥瘠程度按一个标准征税，造成负担不均。黄宗羲提出的赋税主张是：第一，"重定天下之赋"，定税的标准应"以下下为则"；第二，征收田赋"必任土所宜，出百谷者赋百谷，出桑麻者赋布帛，以至杂物皆赋其所

出"，生产什么缴纳什么，不强求一致；第三，重新丈量土地，按土质优劣计算亩积，分别以240步、360步、480步、600步和720步作为5亩，即把土地分为5等，据等征税，消除因土地质量不同而带来的赋税负担不均的问题。

◎文苑拾萃

黄宗羲定律

所谓黄宗羲定津，是由秦晖先生依据黄宗羲的观点而总结出来的某种历史规津：历史上的税费改革不止一次，但每次税费改革后，由于当时社会政治环境的局限性，农民负担在下降一段时间后又涨到一个比改革前更高的水平。明清思想家黄宗羲称之为"积累莫返之害"。

王禹偁设想的理想国

◎君子之忧乐在天下，小人之忧乐在一身。——《薛
子庸语》

> 王禹偁（954—1001年），宋代诗人、散文家。字元之。汉族。济州巨野（今山东
> 省巨野县）人。晚被贬于黄州，世称王黄州。出身贫寒。

陶渊明的《桃花源记》所构想的世外桃源，对后代产生了深远的影响，宋代王禹偁的《录海人书》即是受其影响而形成的一部作品。作者假托秦朝一位海上居民给秦始皇上书，叙说自己在一个孤岛上偶遇当年随徐福去海上求仙的童男童女，这些人在此已建立了一个和平美好的海上乐园。通过对这个世外乐园的描绘，作者寄托了自己天下大同的社会理想。

《录海人书》说：

有居人百余家，垣篱庐舍，具体而微，亦小有耕垦处。有曝背而偃者，有濯足而坐者，有男子网钓鱼鳖者，有妇人采撷药草者，熙熙然殆非人世之所能及也。臣因问之，有前揖而对臣者，则曰："吾族本中国之人也。天子使徐福求仙，载而至此……舟中之粮，吾族播之，岁亦得其利；水中之物，吾族捕之，日亦充其腹。又取洲中葩卉以芼之，由是，吾族延命而未死焉。死则葬于此水矣，生则育于此洲矣，怀土之情亦已断矣！且不闻五岭之戍，长城之役，阿房之劳也，虽太半之赋，三夷之刑，其若我何？"

在这一理想国中，人们摆脱了封建专制君主的羁绊和控制，也不存在统

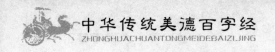

治者对于被统治者的奴役和剥削，人们过着人人劳动、自给自足的和平生活，没有劳役和赋税，也没有严刑峻法，真是一个海上的世外桃源。

最后，作者又假借该岛居民之口，提出了"薄天下之赋，休天下之兵，息天下之役"的主张。文中说，当访问者将登舟离开海岛返回大陆时，岛上的居民委托他转告君主，"子能以吾族之事闻于天子乎？使薄天下之赋，休天下之兵，息天下之役，则万民怡怡如吾族之所居也，又何仙之求，何寿之祷耶？"至此，作者的意图才得以全部展现，希望现实中的社会制度能够如同《录海人书》所描绘的那样。

◎故事感悟

王禹偁的《录海人书》通过虚构的、颇具传奇色彩的故事，表达了作者理想中的国家应是轻徭薄赋的社会天下大同的社会，表现了对于黑暗现实的不满和批判，也反映了劳动人民企望建立一个没有封建压迫和剥削的理想社会。

◎史海撷英

王禹偁的政治主张

王禹偁为官清廉，关心民间疾苦；秉性刚直，遇事直言敢谏，不畏权势，以直躬行道为己任。他一生中三次受到贬官的打击，乃作《三黜赋》，申明"屈于身兮不屈其道，任百谪而何亏；吾当守正直兮佩仁义，期终身以行之"，表现了百折不挠的坚强意志。

王禹偁在政治上主张改革，曾向朝廷提出许多建议，在《端拱箴》、《三谏书序》、《御戎十策》以及知扬州时作的《应诏言事疏》等著作中，他提出了重农耕、节财用、任贤能、抑豪强、谨边防、减冗兵冗吏、淘汰僧尼等有利于国计民生的主张，虽大多数未被太宗、真宗采纳，却为宋仁宗时范仲淹等人的"庆历变法"开了先声。

◎文苑拾萃

村　行

王禹偁

马穿山径菊初黄，信马悠悠野兴长。

万壑有声含晚籁，数峰无语立斜阳。

棠梨叶落胭脂色，荞麦花开白雪香。

何事吟余忽惆怅？村桥原树似吾乡。

暴富送孙何入史馆

王禹偁

孟郊常贫苦，忽吟不贫句。

为喜玉川子，书船归洛浦。

乃知君子心，所乐在稽古。

汉公得高科，不足唯坟素。

二年佐棠阴，眼黑怕文簿。

跃身入三馆，烂目阅四库。

孟贫昔不贫，孙贫今暴富。

暴富亦须防，文高被人妒。

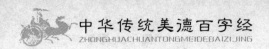

《太平清领书》中的"万年太平"理想

◎为善不同，同归于治。——《尚书·蔡仲之命》

张角（？—184年），钜鹿（治今河北平乡）人。中国东汉末年农民起义军"黄巾军"的领袖，太平道的创始人。他因得到道士于吉等人所传《太平清领书》（即《太平经》），遂以宗教救世为己任，利用其中的某些宗教观念和社会政治思想组织群众，约于灵帝建宁（168—172年）初传道。中平元年（184年），张角以"苍天已死，黄天当立，岁在甲子，天下大吉"为口号，自称"天公将军"，率领群众发动起义，史称"黄巾起义"。不久张角病死，起义军也很快被汉政权所镇压。

在中外历史上，发生过不少在宗教外衣下进行的人民起义，宗教的某些教义和经典常常成为号召人民起来斗争的旗帜。《太平清领书》正是这样一部曾经为农民起义提供了思想武器的宗教典籍。

《太平清领书》又名《太平经》，是东汉早期道教所依据的经典。全书共17卷，作者为东汉时期的于吉（一作干吉）等人。该书的成书经过了长期历史演变过程，其内容十分庞杂，既有对于前人思想的继承，又有对于时代思潮的反映；有的思想来自上层社会，有的又来自民间，其中的不少思想反映出社会底层劳动人民的要求和愿望。该书一直在民间秘密流传，当汉末农民大起义风暴掀起之时，书中对于理想社会的构想就成为激励和号召人民揭竿而起的旗帜。

《太平清领书》追求一个太平世界。何谓"太平"呢？《太平经钞癸部》

解释说："太者，大也；大者，天也；天能复育万物，其功最大。平者，地也；地平，然后能养育万物。"可见，"太平"二字的含义就是天地育养万物，让万物和人民得以生长，防止任何对于人或物的破坏和损伤。如何才能实现太平理想呢？受当时流行的天人感应论和阴阳五行思想的影响，书中认为，欲实现人世间的太平，首先必须调和阴阳。《和三气兴帝王法》说："阴阳者，要在中和，中和气得，万物滋生，人民和调，王治太平。"阴阳和顺，才能使万物得以滋生，物产丰足，人民和乐，实现太平之治。

　　"太平"的另一层意义是公平无私，全民求同。该书的《三合相通诀》说："太者，大也"；"平者，乃言其治太平均，凡事悉理，无复奸私也"。这里的"平均"，既指经济上的平均，又包括政治上的平等。作者强调，政治上均等无争的实现是"为人君"的前提，故书中说："天地施化得均，尊卑大小皆如一，乃无争讼者，故可为人君父母也。"同样，在经济上也不允许少数人聚敛独占，作者直言不讳地宣称："财物乃天地中和所有，以共养人也"，帝王府库中的财物是大家"委输"的，"本非独给一人也"，穷人也应当从中取用，那些将天地间的财物据为己有的人，是"天地之间大不仁人"。作者主张人们"各自衣食其力"，依靠自己的劳动而致富，而后去周济穷困之人："君子力而不息，……家遂富而无不有，……常力周穷救急。"文中还运用因果报应的理论预言，以这种合于平均的原则去周济穷困的人是会要增寿得福的。相反，那些有劳动能力而不劳动，专去掠夺贫苦者之财物的人，那些"积财亿万，不肯周穷救急，使人饥寒而死"的人，则罪大恶极，"死尚有余罪，当流后生"。

　　《太平清领书》继承了《道德经》中清静无为的思想，反对以智诈刑罚统治人民，并认为这是实现太平理想的重要前提。该书的第93卷《敬事神十五年太平诀》说："太平者，乃无一伤物，为太平气之为言也。凡事无一伤病者，悉得其处，故为平也。若有一物伤，辄为不平也。"这就是说，杜绝任何对于人或物的破坏和损伤，才能称得上太平。因此，圣人治天下的理想社会是慎

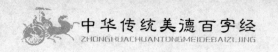

用刑罚的，《乐生得天心法》说："圣人治，常思太平，令刑格而不用也"。作者设想，古代的君主是以"道"和"德"治人、胜人，而不用严畏智诈，后世却惯于"以威严与刑罚畏其士众，故吏民数反也"。

为了引起统治者的重视，《太平清领书》的作者将慎动刑罚的问题与统治者自身的寿命长短联系起来。书中认为，不好为刑则寿长，"下古多用刑，故寿独少"，上古圣贤不重用刑罚，不好杀人，并非为人民考虑，而是"惜其身"，"自为身深计也"。因为不好杀人，慎动刑罚，这是顺应了天意，这样的君主是"得天之君"，将会感动神祇，天神将赐福于他，令其长寿。为了实现减省刑罚的理想，作者运用天人感应的理论警告统治者不要荼毒生灵，反对制作"重刑死法"，这些思想在当时是有进步的社会意义的。

《太平清领书》继承了前代思想家的民本思想，强调治国必须以民为本："治国之道，乃以民为本也。"书中以阴阳思想来论证君民互通声气的重要性说，民众代表阴，君主代表阳，君民相通才能阴阳和合，产生中和之气，"中和气得"，才能"人民和调，王治太平"。如果"民气不上达，和气何从得"，君主一定要关心和重视民间疾苦，使民气上达，否则是难以致太平的。作者揭露封建专制制度下，官府对于上书言事者横加迫害的行径：有的将上言者立即杀害，有的在以后"更相属托而伤害之"，这就形成了万马齐暗的严重局面："皆恐见害焉，各取其解免而已。虽有善心意，不敢自达于上也，使道断绝于此。民臣悉结舌杜口为暗，虽见愁冤，睹恶不敢上通。"在这种情况下，"帝王安能神圣于天与地乎？"又如何能够致太平呢？不仅难以实现太平局面，更为严重的是，这种言路闭塞的现象将导致祸国亡国的危害："一言不通，辄有冤结；二言不通，辄有杜塞；……六言不通，六方恶生；……十言不通，更相变革。"这就是说，当言路阻塞现象发展到极至，等待着统治者的就是改朝换代，被取而代之了。

因此，作者设想了令民气上达的方法："天下州、县、乡、里置封，仰万民各随材作书，直言疾苦利害可否，致书投于封中，长吏更撰上天子，令知民好恶、贤不肖、利害，可集议而理之，即太平之气至矣。"

《太平清领书》针对封建社会中吏治腐败的现象，抨击那些依仗钱财与势力或欺骗手段而做官的人，斥责他们无才无德，只会"以害人为职"，"盗采财利，以公趣私，背上利下"，"欲得大官，以起名誉"。作者认为，这些人不但"未足以为帝王之臣"，而且是"天地之害、国家之贼、民之虎狼、父母之恶子，天地憎子，鬼神恶之"，故当其罪恶泄露后，应该立即诛杀，"以称天心，以解民之大害"。

作者假托古代帝王，道出了自己任贤选能的理想。作者认为，任命官吏首先应该考虑的是道德和政绩："官者，……以封有德、赏有功也，不以妄予无功之人也。无功之人，天地所忽，神灵所不好爱也。"各级政府官员是治理国家的栋梁，他们的素质高低，将直接影响到整个统治机构的运行。选拔有德有功者担任各级行政职务，才有可能胜任治国安民的重责，才能保证封建王朝的长治久安。因此，能否做到用贤任能，这又是关系到帝王的切身利益的大事。故作者在《使能无争讼法》中告诫说："上古帝王将任臣者，谨选其有道有德、不好杀害伤者，非为民计也，乃自为身深计也。"

在东汉后期，外戚宦官相继专权，朝政腐败，地方官吏贪赃枉法，陷害无辜，豪强大族兼并土地，灾荒频仍，国家面临"田野空、朝廷空、仓库空"的困境。在这种情况下，统治者仍然在穷奢极欲，横征暴敛，处于这种极不太平、极不平等的社会现实下，生计断绝的广大农民迫切期望太平、平等。故《太平经》的出现，给予了劳苦大众反抗压迫的纲领和希望。此后，北宋时的王小波、李顺起义正式喊出了"均贫富"的口号，要求在经济上打破贫富不均的不合理现象；南宋时的钟相、杨么起义进而提出了"等贵贱，均贫富"，不但要求经济上的平均，而且还要求政治上的平等。这些思想是中国农民在不同的历史时期表现出的一个求得社会的认可、求得生存的大同，归根结底是求得经济平均和政治平等的社会地位。

◎故事感悟

　　《太平经》的作者提出了"周穷救急"的经济平均理想和"尊卑大小如一"的政治平等原则，勾画出了一个人人劳动、平等互助、上下相通、贤才并进、物富民安、奸邪退灭的太平世界。尽管其中不少主张在当时只是纸上谈兵，不免陷于空幻，但其深刻地针砭了当时社会种种的弊病，喊出了广大被压迫人民的理想和愿望，成为鼓舞民众奋起反抗封建压迫的政治、经济纲领。

◎史海撷英

太平道的创立

　　东汉末年，因朝廷和地方政令混乱不堪，农民生活困苦。有见及此，张角、张梁、张宝兄弟三人于魏郡，用法术、咒语到处为人医病，许多生病的百姓喝下他的符水后，都不药而愈，张角被百姓奉为活神仙，张角又派出"八使"到外传教。因此，追随兄弟三人的信徒愈来愈多，甚至高达数十万人，遍及青、徐、幽、冀、荆、扬、兖、豫八大州，几乎占了当时全国的四分之三。许多人为了投奔张角，不惜变卖家产，千里迢迢，争先恐后，沿途挤得水泄不通，据说半途被踩死的就有万余人。

　　张角在民间活动10多年，有三四十万人加入，张角见信徒渐多，便创建了"黄天泰平"，又称"太平道"管理信徒，自称"大贤良师"。他把势力范围分三十六区，称为"方"，大方一万多人，小方六七千人，每方推一个领袖，全由张角控制，反抗汉室之声日盛，不过信众中不乏豪强、官员、宦官等，所以汉室并未多加理会。

◎文苑拾萃

《正统道藏》

　　《正统道藏》是中国道教史上重要道藏之一，明代编纂。明成祖即位之初（1403

年），曾令第 43 代天师张宇初重编《道藏》。永乐八年（1410 年），张宇初去世，第 44 代天师张宇清继续负责。到明英宗正统九年（1444 年）始行刊板，又令道士邵以正督校，增所未备，于正统十年（1445 年）校定付印，名《正统道藏》，共 5305 卷，480 函，按三洞、四辅、十二类分类，采用《千字文》为函目，自"天"字至"英"字，每函各为若干卷，颁之天下，藏于各名山道观。到明神宗万历三十五年（1607 年），命第 50 代天师张国祥续补《道藏》，仍以《千字文》为函次，自"杜"字号至"缨"字号，凡 32 函，180 卷，名《万历续道藏》。与《正统道藏》合计共 5485 卷，512 函，即现存明版《正统道藏》，这是我国现存的唯一官修道藏。

"均贫富等贵贱"的理想

◎民罔常怀，怀于有仁。——《尚书·太甲下》

> 钟相（？—1130年），在家乡利用宗教活动组织群众，凡加入他的组织——乡社的农民，共同攒积钱财，实行互助共济。他代表了农民要求财富上平均、社会地位平等的政治主张，以此深受群众拥护。周围数百里的贫苦农民加入乡社的不计其数。

中唐以后，农民的社会理想有了进一步的发展，不仅提出了经济上的平等要求，而且要求政治上的平等。唐末农民起义的领导者王仙芝自称为"天补平均大将军"。本来"天补平均"的思想是老子提出的，《老子》一书中曾说"天之道，损有余而补不足"，这反映了道家平均主义的社会理想。可能是受以前黄巾起义以道教经典《太平经》阐发其理想的影响，王仙芝亦以道家的经典《老子》作为社会理想的依托，自己径称"天补平均大将军"。尽管他对"天补平均"的思想未作展开，但他以此为标榜，以此加冕自己，说明他是以道家的平均主义思想为理想目标的，并以此作为旗帜，号召广大农民群众发动了唐末农民起义。

要求经济上的平等、反对封建特权阶级对财产的占有，几乎成了唐代农民共同追求的目标。唐代农民起义的另一领袖黄巢也是如此。黄巢同王仙芝一样，也自称"天补均平大将军"，又称"冲天大将军"和"率土大将军"。这些称号不是随意的，而是寓蕴了丰富的含义，是对农民所追求的平均主义思想的概括，是传统的农民平均主义社会理想的形象化和口号化。

　　在此特别值得注意的是，黄巢既自称是"天补大将军"，又自称是"率土大将军"，把土地问题融进了自己的称号，并与"天补均平"相提并论，说明在此"均平"中实际上包含有土地均平的含义。比起王仙芝的单纯"天补平均大将军"似乎进了一步。根据史书记载，黄巢在起义中，为了"均平"，他采取了救济穷民的措施，旨在消灭贫穷，实行贫富均等。如他率大军进入长安时，"见穷民，抵金帛与之"。类似情形，在《旧唐书·黄巢传》也有记载："时巢众累年为盗，行伍不胜其富，遇穷民于路，争行施遗。"如果以此材料与其称号相参证，诚如上述，这说明他的"天补均平大将军"的封号并不是毫无内容的空洞名号。黄巢、王仙芝等所追求的确实是经济上的平等，确实以"天补均平"作为其理想目标，指引他们进行英勇斗争的思想武器就是经济上的平等思想。

　　进入宋代以后，农民要求政治上平等和经济上平等的理想构思得到了进一步的发展。如果说唐代的王仙芝和黄巢还只提出"天补均平"的口号，其"均平"的理想蓝图尚很模糊，那么，北宋王小波、李顺则明确提出了"均贫富"的主张，并对"均"的内容作了具体的规定。所谓"均"，既是"均贫富"，亦是要消灭财产上的贫富悬殊，实现无贫富的理想世界。王小波在发动农民起义时，就曾以此为号召说："吾疾贫富不均，今为汝辈均之。"李顺在起义中把"均贫富"付诸了实践，悉召乡里富人大姓，令具其家财粟，据其生齿之外，一足调发，大赈贫乏（沈括《梦溪笔谈》卷二五）。为了均贫富，强制富户大姓把占有的除自身生活以外的多余财产分给穷民。"均贫富"反映了农民的要求，特别是对挣扎在死亡线上的农民更具有吸引力，因此他们纷纷投奔起义军，"旬日之间，归之者数万人"。

　　为了实现"均贫富"的理想，摆脱农民贫穷困境，南宋的农民举行了一系列的起义，前有方腊的起义，后有钟相、杨么的起义，他们一致把"均贫富"作为起义的行动纲领。方腊领导的农民起义军，救助穷民和实现经济上的平等，所到之处，皆力行之。史书曾称道说："始投其党，有甚贫者，众率财以助，积微以至小康矣。"起义军一方面征收富户大姓占有的大量多余财产，另一方面又采取农民之间的互助来帮助穷者。一家有事，同党之人皆出力以相赈恤。尤其是农民之间的相互救助特别受到重视，形成了一种新的社会气象，"凡出入经过，虽不识，党人皆馆谷焉。人物用之无间，谓为一家庄绰"。

特别值得提出的是，在方腊起义之后发动的钟相、杨幺起义，在"均贫富"的基础上进一步提出了"等贵贱"的口号，把经济上的"均贫富"和政治上的"等贵贱"紧密地结合起来，农民所追求的不仅是自身存在所必需的的物质利益，而且也包括人身权利平等的要求。钟相曾对农民说："法分贵贱贫富，非善法也。我行法，当等贵贱，均贫富。"这就是说，贵贱贫富的存在是非法的，保护这种封建特权的法律不是好的法律，必须加以废除，以新的法律取而代之，从法律上确定和保护政治上的平等和经济上的平均主义。

◎故事感悟

宋代农民起义领袖大都把经济上的平等与反对封建等级特权的斗争联系起来，这体现了农民的根本要求，并在制定的口号中反映出了对社会实行大同的一个美好憧憬，体现了农民在争取自身生存斗争中的进步和觉醒，把农民的理想世界推到了一个新的境界。这对以后农民的起义和斗争都产生了积极的影响。

◎史海撷英

方腊起义

方腊是青溪人，出身贫苦，曾在大地主家里做雇工，因忍受不了地主的压迫，率众起义。方腊自称"圣公"，年号"永乐"，设置官吏将帅，建立了自己的政权。漆园誓师以后，方腊率领起义军同前来镇压的宋军展开激战。起先起义军的武器不足，战士们就到山上砍来竹子，制成锋利的竹刀、竹枪，同宋军巧妙周旋，不断地击败宋军，势力迅速发展。短短几个月，起义军连克睦州（今浙江建德）、杭州、歙州（今安徽歙县）、婺州（今浙江金华）、衢州（今浙江衢县）、处州（今浙江丽水）等六州五十二县，起义队伍发展到十多万人。

东南沿海是北宋王朝榨取财富的主要地区，尤其是东南重镇杭州也被起义军攻占，这使宋徽宗惊恐万状，急忙派亲信童贯率15万禁军南下镇压起义军。宋军迅速包围了杭州，方腊亲自指挥抵抗。由于城中缺粮，而且敌我力量对比悬殊，方腊被迫率军突围，退到老家青溪帮源洞一带。宣和三年四月，起义军最后一个据点——青溪梓洞洞被宋军攻破，方腊父子等52名首领被俘。八月，方腊英勇就义，起义失败。

◎文苑拾萃

方腊洞

　　方腊洞原名帮源洞，位于淳安西北部叶家乡境内，是方腊首义和被俘的地方。后人为纪念北宋末年农民起义领袖方腊，改今名。方腊洞深22米，内分上中下三层，可容五六十人。洞口竖有石碑一方，上书"方腊洞"三字，是郭沫若手迹。方腊洞附近还有一个"风洞"和一个"观音洞"，史称方腊"深据岩屋有三窟"，在方腊退守故里时，皆为藏身、藏兵之处。与威坪镇隔湖相望的"方腊洞"是方腊起义的古战场，目前已经开发成为风景区，供人游览。

陶渊明笔下的"世外桃源"

◎德，国家之基也。——《左传》

　　陶渊明（约365—427年），字元亮，号五柳先生，谥号靖节先生，入刘宋后改名潜。东晋末期南朝宋初期诗人、文学家、辞赋家、散文家。东晋浔阳柴桑（今江西省九江市）人。曾做过几年小官，后辞官回家，从此隐居。田园生活是陶渊明作品的主要题材，相关作品有《饮酒》、《归园田居》、《桃花源记》、《五柳先生传》、《归去来兮辞》、《桃花源诗》等。

　　晋人陶渊明的《桃花源记》中描述的是妇孺皆知的一片乐土，这里"土地平旷，屋舍俨然，有良田美池桑竹之属。阡陌交通，鸡犬相闻。"这里摆脱了朝廷的控制，远离了战乱灾难，人们"往来种作"、"怡然自乐"。《桃花源记》主要描述的是桃花源内和平安乐的生活，以及渔人发现桃花源的经过和失去桃花源的惆怅，是对于传闻故事的客观叙述；而《桃花源诗》则描写对于传闻的主观感受，诗中借助于读后感的形式表达了作者心目中的理想社会之蓝图。

　　诗中明确点出，世外桃源的产生背景是"嬴氏乱天纪，贤者避其世"，由于秦始皇的残暴统治，贤者率众隐居桃花源。在这一世外桃源中，人们都从事农业劳动，日落之后才各自回家休息："相命肆农耕，日入从所憩"，人们享受着自己的劳动果实，而无须向官府交纳赋税："春蚕收长丝，秋熟靡王税"。这里与《道德经》中所向往的"邻国相望，鸡犬之声相闻，民至老死不相往来"的"小国寡民"状况相类似，"荒路暧交通，鸡犬互鸣吠"，虽然邻地相互之间可听到鸡犬鸣吠之声，但道路荒芜，交通不便，人与人之间的交往不多。"煮豆犹古法，衣裳无新制"，祭礼和服饰都崇尚古代那种淳朴简洁的风尚。这里和平无争，几百年以来不曾改朝换代，故不需要历志纪年，"草荣识节和，木衰知风厉，虽无纪历志，四时自成岁"，一切只需要根据自然物候的变化来判断季节时令，一切顺应自然，怡然自得，朴实而无智诈："怡然有余乐，于何劳智慧？"

从这些描述中，我们可以感受到，陶渊明所憧憬的理想社会虽然从老庄思想中吸取了素材，但又参照了农民避居深山的传闻，因而十分生动具体。在这个理想社会中，没有剥削，没有压迫，没有封建等级制度下的繁文缛礼，更没有竞争和战乱，人们共同劳动，朴实无欺，天下大同；在这个以农耕为基本内容的社会中，其物质生活水平又是十分低下的，交通不便，道路不畅通，服饰朴素而无变化，更没有任何先进的生产技术或方法，甚至连历法纪年也不存在。

◎故事感悟

陶渊明笔下所描述的世外桃源，充满着对于封闭落后状态的赞美，有着浓厚的复古倒退倾向，但也反映了作者对于封建等级制度和封建剥削制度的否定，以及对于自然朴实之风和建立一个和谐的大同社会的向往。

◎史海撷英

陶渊明的饮酒诗

陶渊明是中国文学史上第一个大量写饮酒诗的诗人。他的《饮酒》二十首以"醉人"的语态或指责是非颠倒、毁誉雷同的上流社会，或揭露世俗的腐朽黑暗，或反映仕途的险恶，或表现诗人退出官场后怡然陶醉的心情，或表现诗人在困顿中的牢骚不平。从诗的情趣和笔调看，可能不是同一时期的作品。东晋元熙二年（420年），刘裕废晋恭帝为零陵王，次年杀之自立，建刘宋王朝。《述酒》即以比

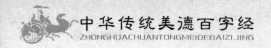

喻手法隐晦曲折地记录了这一篡权易代的过程，对晋恭帝以及晋王朝的覆灭流露出无限的哀婉之情。此时陶渊明已躬耕隐居多年，乱世也看惯了，篡权也看惯了，但这首诗仍透露出他对世事不能忘怀的情怀。

◎文苑拾萃

读山海经

陶渊明

孟夏草木长，绕屋树扶疏。
众鸟欣有托，吾亦爱吾庐。
既耕亦已种，时还读我书。
穷巷隔深辙，颇回故人车。
欢言酌春酒，摘我园中蔬。
微雨从东来，好风与之俱。
泛览周王传，流观山海图。
俯仰终宇宙，不乐复何如？

明代农民"均田免粮"的理想

◎仁人之用国，则国安于磐石。——《荀子·富国》

> 李自成（1606—1645年），明末农民起义领袖。原名鸿基。称帝时以李继迁为太祖。世居陕西米脂李继迁寨。

　　"均田免粮"是明末李自成领导的农民起义所提出的口号，是他们起义的行动纲领。比起以前的农民社会理想，它具有一个显著特点，即提出了均分田地的要求。诚如前述，北宋王小波、李顺提出"均贫富"主张，以后南宋的钟相、杨么在此基础上进一步提出了"等贵贱"，形成了"均贫富、等贵贱"，即包括政治和经济要求的起义纲领。但不管是王小波或是钟相，都有一个共同的局限，即都尚未涉及到封建制度的根本问题——土地问题，没有直接涉及农民对土地的根本要求，而这恰恰是农民求得自身解放和实现其美好社会理想的关键所在。进入明代以后，封建社会的土地问题已成为严重的社会问题，成了社会生产力发展的桎梏。在此新的历史条件下，明末李自成领导的农民大起义，在中国历史上第一次提出了农民对土地的根本要求，即提出了均分田地的纲领。由此，实现农民对土地的所有便成为明代农民所共同追求的社会理想目标。

　　在农民起义过程中，李自成高举起"均田免粮"的旗帜，号召和发动群众。1643年，李自成在西安建立大顺农民政权后，随即对土地问题颁布了旨在均田的法律和措施：一、大顺政权所奉行的土地制度是"贵贱均田制"；二、由"均田"法律出发，对富户大姓所霸占的土地即行退还，由原来的田主认领，"产不论久近，许业主认耕"，不管地主霸占土地时间如何久远，违反了"均田"原则，都是不合法的，都必须退还原田主；三、为了使贫苦农民分得的土地受到国家法律的保护，向农民颁发了"册卷"，以作为土地的契约和凭证。李自成所采取的上述一系列"均田"措施，反映了农民对土地的要求，使千百年来农民梦寐以求的愿望得到了满足。这是对封建土地所有制的严重挑战，是农民社会理想的体现。

不仅如此，与"均田"相联系的，李自成为解民于倒悬，救民于水火，又提出了"免粮"的口号。自古以来，农民承受着沉重赋税负担，受着重重剥削。由此，一个没有剥削、自己劳动的成果自己获得的新世界，始终是农民所追求的理想，其重要性可与对土地的要求相比论。李自成的"免粮"主张，正反映了农民的理想要求。李自成在"免粮"方面采取了下列措施：

一、迎闯王，不纳粮。这就是说，李自成农民军所到之处，都免交粮饷，最大限度地减轻农民的赋税负担。

二、"一钱粮，比原额只征一半"。即是把原来对农民所征收的一切钱粮，其中也包括农民所应交的钱粮，一律减半征收，旨在减轻农民的负担。

三、为了使农民百姓有休养生息之机，实行一年不征粮。《谀闻续笔》记载说："倡言大军所至，百姓给复一年。"这大概与上述"迎闯王，不纳粮"是一致的，即农民军所到之处，在一年之内不征收钱粮，这有利于恢复农业生产，有利于农民。后来李自成对免征年限还作了延长，崇祯十五年李自成在湖北宣布："三年免征，一民不杀。"攻占西安后，他又提出"五年不征"。接着他在山西太原又提出"不征粮"。李自成一直志在减轻农民负担，以致发展到了"不征粮"的地步。

李自成上述"免粮"的一系列措施，由于体现了农民的理想追求，直接而现实地减轻甚至解除了封建统治者对农民的剥削与压榨，所以深得农民的拥护，李自成因此而被农民所广泛称颂。陕西民谣说："挨肩膊，迎闯王，迎闯王，三年不上粮。"山西百姓亦歌颂说："吃他娘，着他娘，吃着不尽有闯王；不当差，不纳粮，大家快活过一场。"河北也广泛流传着一首民谣："吃他娘，穿他娘，开了大门迎闯王，闯王来时不纳粮。"类似歌颂李自成的民谣，在全国其他地方亦有流传。仅从上述民谣中可以看出，李自成确实把"免粮"付诸了实践，因而得到了农民的广泛支持。虽然李自成不向农民征粮，而农民却积极主动地"竞送马骡粮草"。不仅如此，农民还积极参加到起义军的行列，"每破一邑，众辄数万"。在李自成的领导下，起义军同明朝的封建统治展开了英勇的斗争。

◎故事感悟

争取获得自己耕种的一块土地，期望自己的劳动成果归自己所有，这是千百年来农民最向往的，也是农民所建构的理想世界的基本内容。李自成提出的"均田免粮"的口号，正反映了农民的根本要求，为农民展示了一个美好社会的前景。虽然在当时的历史条件下，李自成的"均田免粮"无法得到全面而彻底地执行。但是，李自成的"均田免粮"具有反封建统治和封建剥削的意义，这对后世即近代的农民争取政治上的平等，以及在经济上争取获得土地的革命斗争产生了积极的影响。

◎史海撷英

李自成的早年生涯

李自成少年喜好枪马棍棒。父亲死后，他去了明朝负责传递朝廷公文的驿站当驿卒。明朝末年的驿站制度有很多弊端，明思宗在崇祯元年（1628年）对驿站进行了改革，精简驿站。李自成因丢失公文被裁撤，失业回家，并欠了债。同年冬季，李自成因缴不起举人艾诏的欠债，被艾举人告到米脂县衙。县令晏子宾将他"械而游于市，将置至死"，后由亲友救出。年底，他杀死债主艾诏；接着，因妻子韩金儿和村上一个名叫盖虎的人通奸，李自成又杀了妻子。两条人命在身，官府不能不问，吃官司不能不死，于是李自成就同侄儿李过于崇祯二年（1629年）二月到甘肃甘州（今张掖市甘州区）投军。当时，杨肇基任甘州总兵，王国任参

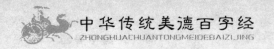
将。李自成不久便被王国提升为军中的把总。同年，在榆中（今甘肃兰州榆中县）因欠饷问题杀死参将王国和当地县令，发动兵变。

◎文苑拾萃

李自成立国号"大顺"

1642 年，李自成率军攻襄阳、樊城时，人民焚香杀牛，备酒迎接农民军，并引导农民军绕过汉水险滩和明朝军队的暗誉设区，使李自成顺利地攻克了襄阳。1643 年（崇祯十六年），李自成占领了湖北和河南的大部后，在襄阳建立新政权，把襄阳改为襄京，起义军拥李自成为"新顺王"，设立了政权机构。

1643 年 11 月，李自成占领西安后，将政权由襄阳移到西安，于第二年正月以西安为西京，立国号"大顺"，年号"永昌"，加强并调整了政权机构，实施了一些利民政策，如打击官僚豪绅；免除劳动人民的赋税，发放银钱粮米赈济；招抚安置流民等等。

孙中山对平等的追求

◎隆礼贵义者其国治。——《荀子·议兵》

　　孙中山（1866—1925年），近代民主革命家，中国国民党创始人，三民主义的倡导者，首举彻底反封建的旗帜，"起共和而终帝制"。1905年成立中国同盟会。1911年辛亥革命后被推举为中华民国临时大总统。1940年，国民政府通令全国，尊称其为"中华民国国父"。1929年6月1日，根据其生前遗愿，将陵墓永久迁葬于南京紫金山中山陵。

　　1905年8月，孙中山与黄兴等人，以兴中会、华兴会等革命团体为基础，在日本东京创建全国性的资产阶级革命党同盟会，孙中山被推举为总理，他所提出的"驱除鞑虏，恢复中华，创立民国，平均地权"的革命宗旨被采纳为同盟会纲领。在同盟会机关报《民报》发刊词中，孙中山首次提出民族、民权、民生三大主义。同盟会的成立，有力地促进了全国革命运动的发展。

　　孙中山是最早提倡以革命推翻清朝统治，建立民国政府的革命家之一。由于孙中山早年即接受西方教育，认识西方世界较深，通晓外语，有医生学历，在中国内外都享有知名度，故被多数外国人视为革命领袖。而在国内，多数革命者也认为他的声望与能力足以成为革命组织的代表人物，也因此孙中山在武昌起义后顺利被选为临时大总统。

　　孙中山首举彻底反封建的旗帜，"起共和而终帝制"，组织革命政党，发动武装起义，领导了震惊中外的辛亥革命，推翻了中国历史上延续了几千年的封建王朝专制统治，开创了中国民主革命风起云涌的历史新篇章。

　　孙中山与历代反抗封建王朝的农民起义英雄和同代资产阶级改良派代表人物之显著不同之处在于：一是通过独到的学习和深刻的思考，将欧美资本主义制度之精华与中国封建专制制度之国情相结合，从"以民为本"的宗旨出发，不仅提出了"三民主义"基础学说，同时还就改造落后旧中国的伟大目标，从国体、政治、经济、文化、军事、外交诸方面做出了资产阶级民主革命的纲领、设想和规划，形成了系统化的革命理论。"人类对于一件事，研究当中的道理，最先发生思想；思想贯通以后，便起信仰；有了信仰，就生出力量。所以主义是先由思想再到信仰，次由信仰生出力量，然后完全成立。何以说三民主义就是救国主义呢？因三民主义系促进中国之国际地位平等、政治地位平等、经济地位平等，使中国永久适存于世界，所以说三民主义就是救国主义"；二是他自发动和组织革命伊始，终其一生，在领导整个资产阶级民主革命的历程中，始终不渝地坚持彻底的反封建立场和坚定的革命方向，面对清朝朝廷的通缉、反动军阀的围攻、帝国列强的威逼、维新保皇派的论战、阵营内部的叛乱、同党战友的分歧，在极其艰难并充满风险的环境中，几番组织和改造革命政党，多次发动武装起义，"愈挫愈奋，再接再厉"，不屈不挠，战斗不息；三是他始终坚守"一心为公"的崇高精神境界，从建立兴中会、同盟会，发动广州、惠州、黄花岗等十次武装起义，到领导辛亥革命、建立临时政府、举行二次革命，到组织和改造国民党、组建黄埔军校、实施国共合作，直至积劳成疾英年早逝，抛却个人名利，彰显博大胸怀，大公无私，一生操劳，鞠躬尽瘁，死而后已。孙中山的理论学说、立场信念就是要把中国建设成为一个自主平等的国家。

　　这里说的平等不但是国内各民族各阶层人民政治、经济、权利平等，在国际上各个国家的国际地位也要平等。

　　也正是由于孙中山的坚持不懈的努力与革命理论的宣扬，才使得广大中国民众摆脱封建思想的束缚，走出对民主共和的"反动"政治思想认识误区，有力地促进了中国民主革命运动的发展，扩大了民主革命运动的影响，使得民主共和深入人心。

　　诚然，实事求是地分析，金无足赤，人无完人，孙中山是人不是神，他的理论学说并非十全十美，他的行为实践也非完美无缺。譬如，他对当时旧中国资本主义的萌芽状态和民族资产阶级的软弱特点尚缺乏深入研究，他对袁世凯、段祺瑞、陈炯明一类新旧军阀的两面派面目有失洞察，他对革命党内部严重的矛盾分歧团结乏力，他对建立革命军事力量的认识姗姗来迟等等，都是他个人思想行为的局限性。但是，与当时旧中国的历史大范围和社会大环境的客观现实相比照，他个人的这些局限性皆属局部性的和微不足道的失误，无碍于整个旧民主主义革命的方向大局和历史轨迹，更无损于他创立革命学说、领导革命运动和开创历史新篇的光辉形象。

◎故事感悟

旧中国积贫积弱，长期受到帝国主义列强的任意宰割欺辱。孙中山为中国能在国际上与世界各国有平等的地位，有平等的发展与富强的机会奋斗了一生。他提出的"三民主义"思想也为中国人民争取自立平等奠定了坚实的思想基础，影响深远，意义重大。孙中山先生不愧为中国伟大的民主运动先行者。

◎史海撷英

孙中山的青少年时代

孙中山祖籍东莞县，五世祖于明代中叶迁居香山县，十四世祖殿朝公始定居翠亨村。孙中山自小就参与家中农业辅助劳动，自谓本"农家子也，生于畎亩，早知稼穑之艰难"。其家无田产，佃二亩半高租田耕种，难以糊口，其父达成还在村中打更报时。孙中山6岁时便上山打柴牧牛，到溪涧捕鱼虾，随外祖父到海边打蚝，还到邻村"三合会"办的武馆偷学拳术，故从小就养成勤劳勇敢的精神。10岁时始进村塾求学，聪颖过人，仅三年就成为家中最有文化的人。当时与从上海回乡的陆皓东相识，并成莫逆之交。1878年，得长兄孙眉的帮助，到檀香山就学达5年之久。回国后曾偕陆皓东到村庙，见病者求神服食香灰，二人不满巫医骗人，遂分头将神像捣坏，因而出走香港。到香港后受洗礼入基督教，并继

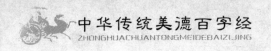

续读书，不久转学到广州博济医学院，结识了三合会首领郑仕良。后又闻香港西医书院招生，旋即以优异成绩考入该校。在学期间，除学习本科外，对欧美各国的政治、经济、农业乃至天文地理知识，无不涉猎，被友人称之为"通天晓"。当时因深感清廷政治腐败，经常与同乡杨鹤龄以及陈少白、尤列等人共议国事，抨击朝政，时人认为此举为大不敬，称之为"四大寇"。其间曾致书濠头乡退休官吏郑藻如，提出禁鸦片、种蚕桑、办教育的主张。每逢假期回乡，就帮助农民选种施肥，改良水利，扩宽道路，并与乡绅商议改革乡政，制订预防盗贼的措施。有意以一村作示范，冀能做出成绩推广全国。

◎文苑拾萃

孙中山的书法

孙中山并不以书法知名，但从他的书法作品中可以看出他对颜真卿、苏东坡及北碑方面的研究是颇具造诣的。他的书法作品有着不同寻常的韵味——不仅仅有博大豪迈、气势恢宏的榜书作品，也有儒雅、轻松、格调清新、韵味绵长的行书作品。从字法结构看，颜字的宽博与厚重仍依稀可见，但已作为一种风格转换在作品中被"神化"，融化成一种精神或者说是境界。而魏碑的雄强也在作品中被淡化，潜移默化中服从于行书作品的整体风格。从作品的风格看，儒雅风流，清新自然，更透出了"文化"意义上的审美意蕴。这是中国近现代知识分子书法艺术的共通之处。比如周恩来、蔡元培、梁启超、郭沫若、王国维、鲁迅等名家的作品，都在一个"文化"层面上，传递着各自不同的书法艺术风采和人生大观。

"无君无臣"的政治理想

◎国无义，虽大必亡；人无善志，虽勇必伤。——
《淮南子·主术训》

鲍敬言（生卒年不详），中国两晋时期的思想家。生平事迹无从考证，仅在葛洪（284—364年）所著《抱朴子·诘鲍篇》中有零星资料，推知大约生活于葛洪同时代或稍前。鲍敬言"好老庄之书，治剧辩之言"，在政治思想上主张无君论。

魏晋时期，被视为异端思想家的鲍敬言的社会理想是颇具特色的，他抨击封建专制制度，倡导无君无臣的无政府主义，是鲍氏社会理想的中心思想。在葛洪的《抱朴子·诘鲍》中，录下了这位"好老庄之书"的思想家所提出的一系列主张。

鲍敬言批驳儒家学者所谓"天生烝民而树之君"的君权神授思想说："岂其皇天谆谆言，亦将欲之者为辞哉？"他指出，君臣之道是强力和智诈征服的结果："夫强者凌弱，则弱者服之矣；智者诈愚，则愚者事之矣。服之，故君臣之道起焉；事之，故力寡之民制焉。然则隶属役御，由乎争强弱而校愚智，彼苍天果无事也！"上天并未为那些欲做皇帝之人谆谆辩护，君权并非来自天授，君主对人民的奴役，只是由于强者凌弱者的强制，而决非与上天有任何干系。

鲍敬言通过论述自然万物的天然平等，来论证人类社会的平等。他指出，天地是阴阳二气自然化生的产物，决无尊卑之别："夫天地之位，二气范物。乐阳则云飞，好阴则川处，承柔刚以率性，随四时而化生，各附所安，本无尊卑也。君臣既立，而变化遂滋。"因此，天尊地卑的论调并不是自然界的规律，而是由于产生了君臣这一等级制度，才制造了天尊地卑的概念，其目的只是为了便于论证封建专制制度的合理性。因此，他断言，君臣之义并非自古即有，更非如董仲舒所说是"不变"之道。他认为，无君主统治的古代"胜于今世"，因而对古代那种"无君无臣"的社会怀着强烈的向往之情。

鲍敬言继承了道家"大道废，有仁义"等思想，认为尊卑有序的封建等级关系的确立和仁义忠孝的道德规范的产生是道德衰败的结果，"白玉不毁，孰为珪璋；道德不废，安取仁义。天下逆乱焉，而忠义显矣；六亲不和焉，而孝慈彰矣"。对于这一切，鲍敬言皆持否定的态度："夫死而得生，欣喜无量，则不如向无死也；让爵辞禄以钓虚名，则不如本无让也。至于杪季，智用巧生，道德既衰，尊卑有序"，为了维护尊卑有序的封建统治秩序，统治者设立了一套繁文缛礼，大兴土木，采珠积玉，积金成山，"繁升降损益之礼……起木于凌霄……聚玉如林，不足以极其变；积金成山，不足以赡其费"，结果导致了对于富贵奢华生活的追求，"澶漫于淫荒之域，而叛其大始之本"，进而刺激了人们对于财富的争夺："尚贤，则民争名；贵货，则盗贼起；见可欲，则真正之心乱；势利陈，则劫夺之涂开。造剡锐之器，长侵割之患。弩恐不劲，甲恐不坚，矛恐不利，盾恐不厚……"大道丧失，争乱无已，智巧丛生，君主以强力征服民众，需要以尊卑有序的封建等级制度和仁义忠孝的道德来制约和规范人们的行为，利用手中的强权欺压人民，故随之而来的是无穷无尽的灾难："众虆日滋，而欲攘臂乎桎梏之间，愁劳于涂炭之中，人主忧栗于庙堂之上，百姓煎扰乎困苦之中。"

鲍敬言认为，封建统治阶级设立国家政府机构是造成民众穷困的根本原因。他说："夫獭多则鱼扰，鹰众则鸟乱，有司设则百姓困，奉上厚则下民贫。"一方面，统治者的奢侈无度促使他们对劳动群众进行盘剥，他们"壅崇宝货，饰玩台榭，食则方丈，衣则龙章，内聚旷女，外多鳏男。采难得之宝，贵奇怪之物；造无益之器，恣不已之欲"；一方面，庞大的封建统治官僚机构消耗着人民辛勤劳动所积累起来的财富："夫谷帛积，则民有饥寒之俭；百官备，则坐靡供奉之费。宿卫有徒食之众，百姓养游手之人。民乏衣食，自给已剧；况加赋敛，重以苦役？下不堪命，且冻且饥。"统治者对民众的掠夺，造成了社会矛盾的激化。在这种危机四伏的状况之下，不得不"闲之以礼度，整之以刑罚"。然而，这些举措却无济于事，"犹癖滔天之源，激不测之流，塞之以撮壤，障之以指掌也"，"所以救祸，而祸弥深峻，而禁不止也。关梁所以禁非，而猾吏因之以为非焉；衡量所以检伪，而邪人因之以为伪焉；大臣所以扶危，而奸臣恐主之不危；兵革所以靖难，而寇者盗之以为难。此皆有君之所致也。"由于有了君主，故一切救祸禁非的措施都反而被人利用，成了为非作歹的手段。可见，鲍敬言将君主及其统治基础视为一切罪恶和矛盾的根源，"无君"是实现理想社会的首要前提。

鲍敬言认为，企图靠礼制和刑罚来平息天下之乱是不可能真正有效地解决问题的，解决社会矛盾的根本方法在于废除封建政府。他通过对于古代社会的描述，展示出自己的社会理想。他说：曩古之世，无君无臣。穿井而饮，耕田而食，日出而作，日入而息。泛然不系，恢尔自得。不竞不营，无荣无辱。山无蹊径，泽无舟梁，川谷不通，则不相并兼；士众不聚，则不相攻伐。……势利不萌，祸乱不作。干戈不用，城池不设。万物玄同，相忘于道，疫疠不流。……机心不生，含哺而熙，鼓腹而游。其言不华，其行不饰。安得聚敛以夺民财？安得严刑以为坑阱？在这个无君无臣的无政府世界中，人们不再受到封建徭役和赋税的困扰，"身无在公之役，家无输调之费"，也没有战争和刑法之残害，人人劳动，过着安居乐业、无忧无虑的生活，"安土乐业，顺天分地，内足衣食之用，外无势力之争"。鲍敬言看到了封建国家机构和封建专制制度对人民造成的痛苦和灾难，揭露了封建统治阶级特别是封建专制君主对于人民的剥削和奴役，希望废除封建君臣，废除封建统治机构，实现其"安土乐业，顺天分地"的社会理想，这是有其进步意义的。但是，由于时代和阶级的局限，他无法从社会发展规律的高度来认识封建国家机构和封建君主产生的历史必然性，因而，他所设计的"无君无臣"的社会理想也只能陷于空想。

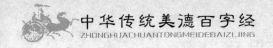

◎故事感悟

　　在中国历史上，像鲍敬言这样由老庄思想引出反封建专制的思想家不乏其人，这些思想也为后世的大同平等思想提供了启示和借鉴，是值得后辈学习的。

◎史海撷英

葛洪的化学成就

　　在封建社会里，贵族官僚为了永远享受骄奢淫逸的生活，妄想长生不老，有些人就想炼制出"仙丹"来，满足他们的奢欲，于是形成了一种炼丹术。炼丹的人把一些矿物放在密封的鼎里，用火来烧炼。矿物在高温高压下就会发生化学变化，产生出新的物质来。长生不老的仙丹是剥削阶级的幻想，当然是炼不出来的。但是在炼丹的过程中，人们发现了一些物质变化的规律，这就成了现代化学的先声。炼丹术在我国发展得比较早，葛洪也是一个炼丹家。当时，葛洪炼制出来的药物有密陀僧（氧化铅）、三仙丹（氧化汞）等，这些都是外用药物的原料。

　　葛洪在炼制水银的过程中，发现了化学反应的可逆性。他指出，对丹砂（硫化汞）加热，可以炼出水银，而水银和硫磺化合，又能变成丹砂。他还指出，用四氧化三铅可以炼得铅，铅也能炼成四氧化三铅。在葛洪的著作中，还记载了雌黄（三硫化二砷）和雄黄（五硫化二砷）加热后升华，直接成为结晶的现象。

　　此外，葛洪还提出了不少治疗疾病的简单药物和方剂，其中有些已被证实是特效药。如松节油治疗关节炎，铜青（碳酸铜）治疗皮肤病，雄黄、艾叶可以消毒，密陀僧可以防腐等等。雄黄中所含的砷，有较强的杀菌作用。艾叶中含有挥发性的芳香油，毒虫很怕它，所以我国民间在五月节前后烧燃艾叶驱虫。铜青能抑制细菌的生长繁殖，所以能治皮肤病。密陀僧有消毒杀菌作用，所以用来做防腐剂。科学与宗教之间时常并非严格对立，作为一个道士，葛洪早在1500多年前就发现了这些药物的效用，为医学发展做出了很大贡献。

◎文苑拾萃

葛洪苦学

　　葛洪，丹阳人，家中贫穷请不起仆人，家里的篱笆坏得不像样也不修整，他常常用手拨开杂乱的草木出门，推开杂草野草回家。家中数次失火，收藏的典籍都被焚毁了。他就背起书篓步行，不怕千里之远，到别人家抄书。他卖木柴买纸抄书，点燃柴草读书。他所用的一张纸要使用多次，旁人难以阅读。

洪秀全的"救世"、"醒世"和"觉世"思想

◎务广德者昌，务广地者亡。——张九龄

> 洪秀全（1814—1864年），原名洪仁坤，小名火秀。汉族客家人。原籍广东嘉应州，清嘉庆十八年十二月初十（1814年1月1日）生于广东花县（今广州花都区）福源水村。太平天国创建者及思想指导者，称"天王"。道光年间屡应科举不中，遂吸取早期基督教义中的平等思想，创立拜上帝会。撰《原道救世歌》以布教，主张建立远古"天下为公"盛世。

洪秀全诞生在广东省花县一个世代农民的家庭。他7岁入私塾读书，聪慧异常，五六年间就能熟读"四书"、"五经"，后又自读中国史籍。后因家境贫困而辍学，在家帮助父兄耕田，随后受聘为本村塾师。洪秀全自幼生长在农村，又直接参加过农业劳动，因而对农民的疾苦和要求有较多的了解。他屡次赴广州应试，都没考中，很受刺激。在鸦片战争中，他亲眼看到清政府的腐败无能和广州人民英勇抗英斗争的伟大力量。这一切，促使他逐渐产生了反清的革命思想。至1843年，洪秀全把基督教小册子《劝世良言》中的原始基督教义和中国农民朴素的平等、平均思想结合起来，先后写了5篇理论文章，阐发了他的社会平等思想和革命理想。《原道救世歌》、《原道醒世训》、《原道觉世训》（史称"三原"），就是他这一时期的代表作，标志着他反清革命思想的形成。

洪秀全所设计的理想社会也是一个大同社会，这是一个人人平等的社会，他以人人都是上帝的子女为出发点。"道之大原出于天，谨将天道觉群贤。"

洪秀全认为，社会平等之道本来自于"天"。此"天"已不是中国传统文化意义上的"天"，而是指基督教的"上帝"。"开辟真神惟上帝，无分贵贱拜宜虔。"所谓开辟真神，指上帝创造万物。"五行万物天创造，岂有别神宰其中。"正由于包括人类在内的世界万物都为开辟真神上帝所造化，因而"普天下皆兄弟"。换言之，"上帝视之皆赤子"，人人都是相亲相爱的兄弟，洪秀全由此提出了新社会的社会平等关系的追求目标。

首先，《原道救世歌》阐发了人人在政治上的平等，无有君民之别，诸侯士庶之别，更不得有君王之专。其次，政治上的平等也消弭了男女和民族之间的尊卑与压迫。人人都是上帝的子女，男女之间是平等的，民族之间是平等的，整个社会是个美好温馨的家庭，人们之间没有被歧视和压迫的存在。再次，与政治上人人平等相联系，洪秀全还描述了未来社会新型的道德风尚，和谐的人际关系。在政治上人人平等的社会中，人人所崇拜的是上帝。在上帝（天）的名义下，洪秀全揭露了旧社会的丑恶现象，他概括为六"不正"：第一不正淫为首，人变为妖天最瞋；第二不正忤父母，大犯天条急自更；第三不正行杀害，自戕同类罪之魁；第四不正为盗贼，不义不仁非所宜；第五不正为巫觋，邪术惑众犯天诛；第六不正为赌博，暗刀杀人心不良。洪秀全认为这六"不正"败坏了道德风尚，破坏了天下一家的人际和谐，影响了人们政治上的平等关系在社会生活各个领域的贯彻，因而必须纠正。"顺天者存逆天亡"，这是上帝的旨意，是不能违背的。《原道救世歌》所阐发的根除六"不正"的内容，后来成为太平天国制定律令的基本依据，如《十款天条》、《五大纪律诏》等，均包含有警戒六"不正"的内容。

洪秀全认为，现实世道违背了上帝的旨意，不把人视为上帝的儿女，而恰恰相反，在人们之间设置了种种破坏相互沟通和融洽的界限，因而出现了世道的"乖离浇薄"、"陵夺斗杀"，社会一片黑暗。为了摆脱这种不平的世道，洪秀全苦苦寻索，写出了《原道醒世训》，为人们描绘了一幅"天下一家，共享太平"的美好图景。

洪秀全认为，要实现"天下一家"的目标，必须打破国与国、省与省乃至县与县的各种界限。各种界限是"私"的祸根，界限去则"私"去，私去则世道平，否则，世道就会乖离。不打破界限，就不能实现天下一家，就必然有彼此之分，从而不能实现天下太平。洪秀全认为，进入天下一家的社会以后，世界实现了大同，没有彼此之分的各种界限，因而是个美好而幸福的社会。对此，洪秀全作了如下的描绘：首先，这是类似于古代唐虞三代之世，有无相恤，患难相救。其次，这是个没有纷争而且是公正和平等的社会。再次，这是一个天下为公的社会。洪秀全认为未来社会像古代《礼运》篇所描述的大同社会一样，经济上公有，社会财富不是私人所藏有的，而是大家所共同享有的。另外，人人都是为了全体的利益而进行劳动，不是为了一己享受。总之，与私有制社会不同，这是一个经济上公有、没有贫穷、人人"皆有所养"的社会。

如果说，在《原道救世歌》和《原道醒世训》中，洪秀全从社会平等观念出发，给人们讲述了革命道理，指出了革命前景，绘制了未来美好社会的蓝图。那么，在《原道觉世训》中，则是向人们指明了实现美好社会理想的途径。

洪秀全认为，要实现未来社会美好理想，就必须扫除社会存在的一切妖孽。洪秀全打出上帝的旗号，其理想和主张带有宗教的色彩，因而他把现实的阶级对立转换成神妖的对立，把人间的邪恶势力说成是妖孽。此妖孽并不是虚幻的鬼神，而实际上是指清朝的皇帝及其属下的官吏与地主。所谓扫除阎罗妖，即是指推翻清王朝的反动统治，建立太平天国的农民政权。

为了实现扫除阎罗妖的目的，洪秀全举起了宗教即基督教的旗帜，以上帝的名义作为号召。他劝说人民崇拜上帝，要扫除阎罗妖唯有依靠上帝。他说："上帝之外无神也，世间所立的一切木石泥纸画各偶像皆后起也，人为也"。世间只有一个真神即是上帝，其他的神偶都是人为的，即都是统治者为了自己的私利和目的而制造出来的。不仅如此，洪秀全进一步指出：是敬拜皇上帝，还是敬拜阎罗妖，这是光明与黑暗的选择，关系到人类的未来。因此，他又说："敬拜皇上帝，则为皇上帝子女，生前皇上帝看顾，死后魂升天堂，永远在天上享福，何等快活威风。溺信各邪神，则变成妖徒鬼卒，生前惹鬼缠，死后被鬼捉，永远在地狱受苦，何等羞辱愁烦。"

诚如上述，洪秀全只是以上帝的名义号召和发动群众，并不是要把人们引向神殿和庙堂，而是引导人民进行推翻清王朝的现实斗争。洪秀全就曾以上帝附身自命，实际上自己就是上帝，一场铲除阎罗妖的斗争变成了轰轰烈烈的革命，崇拜上帝的思想运动变成了武器的批判。以武器的批判来为未来美好社会理想的实现开辟道路，这是农民社会理想世界的一个最突出的特点。洪秀全所领导的太平天国革命，继承和发展了农民这一理想的传统。

太平天国主张男女平等。《天朝田亩制度》首先体现在经济制度上："凡分田照人口，不分男妇。""凡天下婚姻不论财。"妇女不仅参加战斗，参加生产，还和男子一样享受各种政治权利：可以统兵领将，可以参加考试，可以入女馆学习文化与技能，还可以做官，实行女试、女官，并废除买卖婚姻。这些男女平等措施，在太平军中的确发挥了一定作用。如女兵作战勇敢为世所公认。"妇女去跟洪宣娇，会打火枪会耍刀，牛排岭前大摆阵，杀得清兵跑断腰。"杨秀清还热情歌颂："我们弟妹果然忠，胜比常山赵子龙，起义破关千百万，直到天京最英雄。"这里弟妹并提，亦是承认男女的平等作用。在中国历史上，太平天国所达到的男女平等是前所未有的。

◎故事感悟

洪秀全所提出的"救世"、"醒世"和"觉世"的社会思想，是农民阶级对地主土地所有制的否定。它反映了当时广大贫苦农民强烈反对地主阶级残酷剥削的要求，以及获得土地、追求平等平均的理想社会的渴望。

◎史海撷英

早年的洪秀全

洪秀全祖籍广东，生于耕读世家，7岁起在村中书塾上学，熟读四书五经及其他一些古籍。村中父老看好洪秀全可考取功名光宗耀祖，可是三次乡试他都失败落选，第三次在广州落选后已经是25岁了。受此打击的洪秀全回家以后重病一

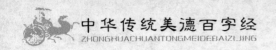

场，一度昏迷，病中幻觉有一老人对他说：奉上天的旨意，命他到人间来斩妖除魔。从此，洪秀全言语沉默，举止怪异。此时，洪秀全并不甘心于考试的失败，在6年后的1843年春天，他再一次参加了广州的乡试，结果还是以落选告终。

这时，洪秀全翻阅以前在广州应试时收到的基督徒梁发赠送的《劝世良言》一书，把书中内容与自己以前大病时的幻觉对比，认为自己受上帝之命下凡诛妖，一气抛开了孔孟之书，不再做一名儒生而改信了基督教的教义，索性把家里的孔子牌位换成了上帝的牌位。虽然未曾读过《圣经》，洪秀全却开始逢人便宣传他所理解的基督教教义，称之为"拜上帝教"。

◎文苑拾萃

洪秀全故居

洪秀全故居位于广州市花都区新华镇大怖乡官禄村，是洪秀全成长、耕读和从事早期革命活动的地方。原故居于金田起义后被清军焚毁。1961年，广州市文物考古队发掘出房屋墙基，参照客家民居形制重建。建筑为泥砖瓦木结构，一厅五房，六间相连，客家人称为"五龙过脊"；坐北向南，东西宽16.5米、南北深5.5米，每间房子约13平方米。西端第一间为洪秀全夫妇住房，室内陈设简陋，仅有仿客家样式的床、桌子和凳子。第二间房子正面挂洪秀全太祖洪英纶夫妇画像，画像有洪秀全的亲笔题诗。

1988年1月，国务院公布洪秀全故居为全国重点文物保护单位，也是广东省、广州市爱国主义教育基地。

康有为的"大同"世界观

◎夫国家之所以存亡者，在道德之深浅，而不在乎强与弱。——苏轼

康有为（1858—1927年），又名祖诒，字广厦，号长素，又号明夷、更甡、西樵山人、游存叟、晚年别署天游化人。广东南海人，人称"康南海"。清光绪年间进士，官授工部主事。出身于仕宦家庭，乃广东望族，世代为儒，以理学传家。近代著名政治家、思想家、社会改革家、书法家和学者，他信奉孔子的儒家学说，并致力于将儒家学说改造为可以适应现代社会的国教，曾担任孔教会会长。

太平天国失败后，随着资本主义经济的发展，中国社会的阶级结构出现了新的变化，产生了资产阶级和无产阶级这两个新型的阶级，随之在政治思想领域内也发生了深刻的变化，出现了资产阶级改良派思潮。近代资产阶级改良派在寻求救国救民方案的过程中，提出了未来新社会的种种蓝图。康有为所设计的未来"大同"社会的理想，是继太平天国的农业社会主义理想之后又一个重要的社会理想思潮，把中国的"大同"思想推到了发展的高峰。康有为为了构思未来社会理想的蓝图，进行了二十余年的探索，经历了一个萌生、发展和确立的时期。大概说来，《人类公理》和《礼运注》反映了他"大同"思想的萌芽和发展，而《大同书》则标志了他的"大同"思想体系的形成和确立。

康有为关于《人类公理》的写作从1885年开始酝酿，至1889年成书，前后经历了4年之久。

1885年，中法战争以中国的失败而告终，这给康有为的思想以极大的冲击和震荡，"悟大小齐国之理"，在寻求拯救中国的出路时，萌发了"大同"理想，并在1885年开始著述，旨在阐发"大同"理想的《人类公理》一书。康有为在《自编年谱》中写道：光绪十一年（乙酉），从事算学，以几何著《人类公理》。由于寻思苦求之故，康有为害了一场大病，"头痛大作，几死"。为此，康有为在匆忙中"乃手定大同之制，名曰'人类公理'，以为吾闻道，既定大同，可以死矣"。由此，康有为把理想社会正式命之为"大同"，把"大同"作为理想社会目标，并称之为"人类公理"。康有为所著的《内外康子篇》所述15篇，既"经与诸子"，又"兼涉西学"，论古说今，既批判了封建社会，又热烈地憧憬着未来的美好社会，对"大同"社会的探索并未停止，直到1901—1902年才将《人类公理》一书定稿。在此，他对"大同"理想社会的基本内容做了总的概括，明确地提出了"创地球万音院"、"地球公议院"等具体的设想，期求世界设一总政府，消灭国家。所有这些，都与今本《大同书》的基本内容多相契合。《实理公法全书》为康有为于19世纪80年代末期所著述，同样也是一部关于"公理"的著作。在此书中，他对未来社会进行了多方面的设计，其中特别指出，"为几何公理所出之法"，未来是"人有自主之权"的美好社会，是"最有益于人道"的。

康有为说："人类平等是几何公理"。虽然还有国君的存在，但"君"已不是专制之君，而是由民拥立的，其职责则是保卫民众的利益。康有为认为，君臣关系是以"人有自主之权"为前提的，也就是君臣关系是平等的。这实际上是康有为把君主立宪理想化了，把它美化为一种理想政体。

另外，康有为对未来社会的人际关系也有描述，其中特别对男女婚姻关系上进行了美妙的设计。他认为，男女在婚姻上都有自主和平等权。"凡男女如系两相爱悦者，则听其自便，惟不许有立约之事。"如果要立约，必须有时间性，不能束缚终身。因此，他又说："凡男女相悦者，则立约以3个月为期，期满之后，任其更与他人立约。"也就是说，为了婚姻的自由，只要不违反3

个月期限，是可以废约的。

《礼运注》是体现康有为早期"大同"思想的另一部重要著作，对"大同"世界的构思比《人类公理》等著作更进了一步。根据历史记载，康有为本《礼运》之旨，即根据古代"大同"思想来阐发其"大同"社会的构想早在1858年就已开始。《礼运注》中提出了"奉天合地，以合国合种合教一统地球"的"大同"方案，提出了"三统三世推将来"的进化论，这些与以后《大同书》的"去国界，合大地"、"去种界，同人类"以及"三统三世之法"基本一致，说明康有为的"大同"社会构想是以中国古代的"大同"思想传统为其思想凭借的。康有为的《礼运注》同《人类公理》以及同时的其他著作一样，都旨在探求一个主题，即中国究竟向何处去？中国的未来社会的前景如何？在其著作中，一方面对现实社会的黑暗进行了揭露与批判，要求改革；另一方面又在规划和设计着未来，向往着美好而光明的"大同"社会。所不同的是，《礼运注》是通过注疏儒家经典的形式出现的，从古圣先贤处找到了未来"大同"世界理想社会的根据，后者则是"依几何为之著"，吸取了西方天赋人权的思想，阐明"大同"是"人类公理"。但不管《礼运注》或是《人类公理》等，都说明作为近代中国先进人物的康有为，在探求救国救民之道中，始终憧憬着未来美好社会，始终在进行"大同"理想社会的构思，一直到以后避居印度定稿《大同书》时为止。

概括地说，《礼运注》对"大同"社会理想作了如下的规划和设计：

首先，书首开宗明义地说："大道者何？人类至公，太平世大同之道也。"这就是说，未来的理想社会是"人类至公"的"大同"社会，规定了未来社会的性质，把《礼运》篇中儒家所向往的"大同"具体化和明朗化了。

其次，康有为把《公羊》的"三世说"与《礼运》篇的"大同"、"小康"学说相糅合和比附，把"三世说"中的"升平世"、"太平世"说成"小康"和"大同"。认为"大同"是历史进化的必然，虽然现时达不到，但它是人类社会的明天。

再次，《礼运注》提出，在"大同"社会没有"国界"、"家界"，也没有"身界"，"天下为公，……公者人人如一之谓，无贵贱之分，无贫富之等，无人种之殊，无男女之异……""天下国家者，为天下国家之人公共同有之器，非一人一家所得私有，当合大众公选贤能以任其职，不得世传其子孙兄弟也。"这就是说，"大同"社会废除了封建专制制度，消灭了封建等级特权，实现社会的民主与平等。正是因为如此，所以人与人之间相亲相爱，"故人不独亲其亲，不独子其子"，彼此都一家，鳏寡孤独废疾得到全社会的照顾，无生活之忧。由于"大同"社会实现"公产"，"货"与"力"不为私，故养老、慈幼、恤贫、医疾等，都有经费保证。"大同"社会是"讲信和睦"的社会，"国之与国际，人之与人交，皆平等自立，不相侵犯"，而是"和亲康睦"，"无诈、无虞、戒争、戒杀"。

总之，"大同"社会实现了"人人皆公，人人皆平"，"一切皆本公理而已"。

康有为在《礼运注》中对"大同"社会的构想诚如前述，已形成一个较为系统的设想，不仅给人们昭示了一个美好的社会前景，而且还提供了未来美好社会必然出现的理论根据，给人一种坚定的信心。

所有这些，都表明了《礼运注》确成为康有为"大同"思想的论据之本，确为以后《大同书》奠定了扎实的材料和思想基础。《大同书》就是在此基础上进一步发展，形成了康有为完整的"大同"思想学说的体系，勾画了一幅美妙的理想社会蓝图。

◎故事感悟

虽然康有为的"大同"社会可望而不可即，是不可实现的空想，但他的设想既受到先行者的思想启迪，同时更是对现实社会批判的产物，是受苦难的中国人民要求改变社会现状和追求美好社会强烈愿望的反映，体现了现实主义的思想闪光。他对未来社会的规划和设计，尽管夹杂着一些荒唐的想象，但在其想象中显露了他的天才思想，其贡献是巨大的。他为中国传统的"大同"思想增添了时代的新内容，赋予了新的含义。康有为的"大同"思想，在中国政治思想史上有着特殊的地位。

◎史海撷英

康有为上书光绪

1888年，康有为到北京参加顺天乡试，没有考取。当年9月，他上书光绪帝，痛陈祖国的危亡，批判因循守旧，要求变法维新，提出了"变成法，通下情，慎左右"三条纲领性的主张。1891年，康有为回到广东，开办万木草堂学馆，聚徒讲学，并为变法运动创造理论，先后写了《新学伪经考》和《孔子改制考》两部著作，这两部书都是在尊孔名义下写成的。

前一部书他把封建主义者历来认为神圣不可侵犯的某些经典宣布为伪造的文献；后一部书把本来偏于保守的孔子打扮成满怀进取精神，提倡民主思想、平等观念的人。康有为的这些看法，虽都不科学，但他的改革精神却在知识界产生了强烈的震动和反响，而对封建顽固守旧分子构成了很大的威胁，因而这两部书被他们视为异端邪说。

1894年，康有为开始编《人类公理》一书，这本书经多次修补，后来定名为《大同书》发表。《大同书》描绘了人世间的种种苦难，提出大同社会将是无私产、无阶级、人人相亲、人人平等的人间乐园。这当然是荒谬的，因为"康有为写了《大同书》，他没有也不可能找到一条到达大同的路"。

◎文苑拾萃

出都留别诸公之一

（清）康有为

沧海惊波百怪横，唐衢痛哭万人惊。

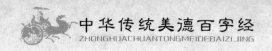
高峰突出诸山妒，上帝无言百鬼狞。

岂有汉庭思贾谊，拼教江夏杀祢衡。

陆沉预为中原叹，他日应思鲁二生。

天龙作骑万灵从，独立飞来缥缈峰。

怀抱芳馨兰一握，纵横宙合雾千重。

眼中战国成争鹿，海内人才孰卧龙。

抚剑长号归去也，千山风雨啸青锋。

追求平等的女科学家王贞仪

◎积德求师何患少，由来天地不私亲。——唐·吕岩

王贞仪（1768—1797年），字德卿，自号江宁女史，清乾隆三十三年（1768年）出生于上元（今江苏省南京）一个医生之家。原籍安徽天长。清代学者王锡琛之女，宣化太守王者辅孙女，诸生詹枚妻。十六七岁曾随父宦历楚粤，出塞省视。从蒙古人学骑射，通星象，精历算，工诗文，通医理，其诗质朴无华，情感真挚。

王贞仪学贯中西，才华横溢，是我国历史上少见的女算学家、天文学家、医生和诗人。可惜她英年早逝，像一颗划破夜空的流星，仅活了短促的29个春秋，便于嘉庆二年（1797年）被病魔夺去了生命。王贞仪的成长与她的家庭环境和教育有很大的关系。她的祖父王者辅，字惺斋，曾任丰城知县和宣化知府，精通历算，著述甚丰。特别是她家藏书丰富，据说有75橱，这些书籍对王贞仪的成长有很大影响。王贞仪的父亲在科举道路上屡屡失意，但他精通医学，以行医为业，在他的影响下，王贞仪也精通医学。但是，对王贞仪的成长，特别是对王贞仪在科学研究方面影响最大的还是她的祖父。王贞仪在《敬书先大父惺斋公读书记事后》一文中说："贞仪幼侍大父惺斋公，公细训以诸算法。即长，学历算，复读家藏诸历算善本十余种，潜心稽究十余年。"

11岁时，王贞仪随祖母去吉林为祖父奔丧，在吉林生活了四年。这使她又阅读了祖父丰富的藏书，增长了知识，增长了才干。

在17、18世纪时，我国形成了以梅文鼎（1633—1721年）、梅珏成（1681—

1763年）为中坚骨干的安徽学派，祖籍安徽的王贞仪是这一学派的主要成员之一。她在数学研究中，注意吸取包括梅文鼎在内的中西算法之长，改进概括，化繁为简，灵活运用，不受旧思想的束缚。她在《勾股三角解》中有一段十分精彩的论述："中西固有所异，而亦有所合。然其法理之密、心思之微，而未忽视。夫益知理求是，何择乎中西？唯各极其兼收之义。"

她对探索宇宙星辰的奥秘有着相当浓厚的兴趣。她不仅阅读中外天文著作，还长年夜观天象，日算星辰，日积月累，取得了丰富的理论知识和第一个天文数据资料。她对西洋传入的天文学是一分为二的，认为"西历虽至密，亦未能言概准。""有所行，即有所不行；有所是，即有所不是。"她积极宣传阐述哥白尼的"日心说"，这在当时是很可贵的。

王贞仪的著述计有56卷之多。在数学方面的主要论著有：《历算简存》5卷，《筹算易知》，《重订筹算证讹》和《西洋筹算增删》等；天文学方面有：《星象图解》2卷，《象数窥余》4卷，《岁轮定于地心论》等；诗词文学方面的有：《德风亭初集》14卷，《德风亭二集》6卷，《文选诗赋叁评》10卷，《女蒙拾诵》、《沉疴呓语》各一卷等。她的全部著作最精华的部分，都收在《德风亭集》之中。

关于《德风亭集》，还应该特别提到宣城秀才詹枚，他是王贞仪的（王贞仪25岁时与詹枚相识）的好帮手。他与王贞仪共同读书，并协助整理书稿，还为王贞仪著作的出版四处奔走。这在封建社会中，实在是难能可贵的。

王贞仪对封建社会对妇女的歧视和压力，置之不理。有人说什么"历算非闺阁所宜"，甚至说她是"幼而无知"的"闺中狂士"，"抗行古文之女史"。她都一一攻辩反击。她在诗中道出了她的雄心壮志："丈夫之志才子胸，谁言不英雄！"

"足行万里书万卷，尝拟雄心胜丈夫！"

充分表现出一个刚强的女性那种要求自尊、自强、自爱、自立、平等的崇高精神。她曾为妇女在封建社会中没有受教育的权利，没有学科学文化的机会而大声疾呼："往往论学术，断不重。""岂知均是人，务学同一理。"

我国历代学者对王贞仪的评价都是很高的。清代著名史学家钱大昕赞扬她为"班昭之后，一人而已"。南京藏书家朱诸曾为《德风亭集》写跋中说："德卿于书，无所不窥，工诗古人辞，尤精天算，贯通中西。自古才女如谢道蕴、左芬之属能为诗矣，未闻其能也；曹大家续汉史矣，宋宣文传周官矣，未闻其通天算也。德卿以一人兼之，可不谓彤管之杓魁青闺之收并乎？"用桐城学者肖穆在《女士德卿传》中赞扬王贞仪的话来概括，就是"兼资文武，六艺旁通，博而能精"。

王贞仪确实是一位才华过人，兼通自然科学、诗文和医学的古代中国妇女的光辉典范，她雄辩地证实了中国女子的才智并不亚于男子，是当之无愧的清代巾帼科学家！

◎故事感悟

在封建社会，女子是没有任何地位的，女子无才便是德。但是王贞仪却在重重枷锁下，争取学习的权利、科学研究的权利、著述的权利，并取得了丰硕的成果。充分体现了她敢于面对社会对妇女的歧视和压力，为女子争自尊、自强、自爱、自立，争平等的精神，并以自己卓越超群的成就证明妇女应该和男人一样有平等的学习、科研和著述权利。

◎史海撷英

王贞仪的天文学成就

王贞仪的天文著作颇多，有《月食解》、《星象图解》、《象数窥余》、《地圆论》、《经星辨》、《历算简存》等等。在《月食解》中，她深刻地阐述了月食和月望以及食分深浅等科学道理；在《星象图解》和《象数窥余》中，科学而通俗地解释了星象变化，对风水占卜等封建迷信予以揭露；在《地圆论》中她指出，人类所在地球于天空之中，在宇宙间是没什么绝对上下左右之分的。

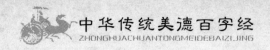
◎文苑拾萃

秦 淮

（清）王贞仪

秦淮胜地旧留名，赢得清溪太绝生。

两岸楼台才子留，四时风月美人评。

歌调玉管莺喉腻，灯结琼珠雀舫轻。

谁道飘零惜金粉，繁华犹是六朝情。

ZHONGHUACHUANTONGMEIDEBAIZIJING

中华传统美德百字经

同·大同平等

第二篇

揭竿而起追求平等与大同

黄巾大起义

◎不厚其栋，不能任重。重莫如国，栋莫如德。——梁章钜

张角（？—184年），巨鹿（今河北省邢台市平乡县）人。黄巾起义军首领，太平道创始人。张角早年信奉黄老学说，对在汉代十分流行的谶纬之学也深有研究，对民间医术、巫术也很熟悉。汉灵帝建宁年间，疫病流行，张角带着他的两个弟弟前往灾情特别严重的冀州一带，借治病为名，进而开始传教活动。到汉灵帝熹平年间，张角在大量招收学生、培养弟子、吸收徒众的基础上，创立了太平道。不久之后，太平道信徒发展到了几十万人，张角号召农民起来推翻东汉政权，喊出了"苍天已死，黄天当立，岁在甲子，天下大吉"的口号，将起义日期定为汉灵帝中平初年（184年，甲子年），并积极谋划起义。在叛徒告密后，张角提前发动起义。起义爆发后，身为太平道首领的张角在冀州领导黄巾军主力作战，没有为其他军团作调控，直到中平元年（184年），病死于冀州。

东汉王朝因为继任皇帝大多未到亲政年龄，由外戚和宦官交替执掌政权。这两个阶层的官员都是用不尊严手段达到尊严地位的邪恶政客，外戚靠的是裙带关系，宦官靠的是不断向皇帝打小报告，靠这种手段爬上政治高位的人无论德行还是能力都是大可怀疑的。把国家政权交给这些人，等于是拆国家的台，要想不出乱子只能是一厢情愿。

到了东汉王朝末期，宦官在和外戚的权力斗争中取得了最后的胜利，这个既无文化又无任何道德准则比外戚还要邪恶百倍的政客集团，自此控制了政府大权。他们当政的最大杰作就是买官卖官，把各级官吏的职位明码标价公开张贴出售。那些买得官职的人一旦坐上官位，唯一的目的不是治理国家，

而是疯狂地捞钱以补偿买官的损失，于是贪污索贿就成了他们政务的核心。广大农民在贪官污吏和苛捐杂税的压榨下迅速走向赤贫，大规模地破产逃亡，社会上出现了一大批没有正当职业随时准备为生存铤而走险的流民，为大规模的民变提供了肥沃的土壤。

当国家出现败亡的迹象时，与物质上的匮乏相对应，臣民在精神上也会出现信仰危机，先前的那套"君权神授"和"仁义忠孝"等政治理念在心怀不满的平民心中不再有号召力，于是各种宗教团体也因此应运而生。在这方面做得最成功的是黄巾标志下的农民运动领袖张角，他以自己的家乡河北巨鹿为根据地，借符咒传教。他的教会号称"太平道"，又称"五斗米道"，教民只需缴纳五斗米并遵守基本的宗教信条，就可成为其中的一员。这个简单的入会仪式在资产不丰厚又不爱动脑筋的农民中很行得通，因此太平道在农民中很容易发展信徒。

张角传教十余年，取得了丰硕的成果，门徒有数十万人，遍及冀、青、幽、徐、荆、扬、兖、豫八个大州。张角被他的宗教成果所鼓舞，开始有步骤地把他的宗教用于政治目的。他把全国教会划分为36"方"，每方设一渠帅，有教徒1.1万人，用四句宗教偈语作为政治口号："苍天已死，黄天当立，岁在甲子，天下大吉。"简称"黄道太平"。甲子年是184年，这一年遂成为太平道教徒和广大贫苦农民的希望之年。各地公共场所、城墙上、城门上都出现神秘的"甲子"字样。当时国家已经乱得不成样子，渴望变乱的人越来越多，看到这个字样的人们心情振奋，祈求天老爷早一点把这个罪恶的政府推翻。

甲子前一年（183年）年终，张角最得意的门徒马元义，奉教主张角之命潜入首都洛阳从事起义的准备工作。他联合宦官作为内应，准备在甲子年的甲子日（184年三月五日）在首都举事，夺取首都，全国同时响应。马元义的准备工作进展顺利，在宦官和禁军中培植了不少支持起义的力量，看势头东汉政府已成了刀俎鱼肉。可悲的是：如此庞大的组织中不可避免地会有内奸和变节分子，另一位门徒唐周很可能因为嫉妒师兄的成果，在最关键的时刻向东汉政府告密，起义的计划败露。就在184年1月，马元义被捕，后被朝廷下令执行"车裂"而死。根据口供的牵引，辗转1000多人被杀，太平道教主张

角也被通缉。张角事先得到消息，躲过了东汉政府的追捕。

情势已十分危急，时间不等人，每耽搁一天都会有成千上万的信徒被推上断头台，等到甲子日恐怕没有人响应起义了，因为那时起义的有生力量已丧失殆尽。张角审时度势，毅然把起义时间提前，即刻下令起兵，张角自称"天公将军"，他的弟弟张宝称"地公将军"，张梁称"人公将军"，号令全国各地同时举义反抗东汉政府。一夜之间，三十六万教徒，百万以上的农民，纷纷拿起武器掀起暴动，攻击地方政府和官僚富户。为了分别敌友，他们用黄巾裹头，因此号称"黄巾军"。整个中原地区霎时淹没在腥风血雨之中，东汉政府被打了个措手不及，全国各地为之震动。

东汉政府当时已腐败至极，中央军数量不足且战斗力不强，对全国范围的民变鞭长莫及。政府中的有识之士想出一个应急的权宜之计，建议政府下放军权，赋予豪门大户和地方政府可以自行招兵买马的权力，让他们建立私人和地方武装抗击农民军。这一招果然有效，各地豪门望族和地方行政首长为了保卫自己的家园和利益不受侵犯，纷纷招募军队对抗农民军。每一个村镇每一个城市都成为抗击农民军的坚强据点，农民军不得不像攻克碉堡一样去对付前进道路上的每一个武装据点，攻击的势头很快缓慢下来，开始由战略进攻转入战略防御。农民军攻击的势头一缓，地方武装为了扩充军队和地盘，迅速对农民军转入反攻，把黄巾军一支支地击垮，俘虏过来的青壮年则编入自己的军队，地方武装的实力在和黄巾军作战中迅速壮大起来。

张角的整个作战计划是建立在速战速决的基础上的，对旷日持久的攻坚战没有心理和物质上的准备。当黄巾军在那些设防坚固的武装据点前迟滞不前时，张角没有及时对黄巾军的整体战略做根本性的调整，这时他应该命令黄巾军绕过那些设防坚固的据点，以最快的速度把农民军集中起来，然后挑选精锐的优势兵力兼程南下，以迅雷不及掩耳之势直捣首都洛阳，把东汉王朝的根基拔除。地方武装对保护他们切身利益的战斗很积极热心，对保护东汉王朝的热情显然要差很多。当黄巾军的进攻矛头转向东汉中央政府时，他们会"明智"地保存实力，不愿把他们费尽心血建立起来的武装力量投入和自己切身利益没有多大关系的冒险之中。再说他们对东汉王朝的印象也很不好，这个靠宦官支撑的腐朽政权早已以失去了吸引他们效忠的威望，让洛阳那些权贵吃点苦头他们心里也许会好受一些。如果中央政府在农民军的打击下垮台或力量衰弱，政府权力重心就会由中央偏向地方，这对地方军阀显然有益无害。基于上述原因，中央政府一旦成为黄巾军率先攻击的焦点，极有可能陷于孤立无援的逆境，农民军取胜的成算还是相当大的。

遗憾的是：张角没有做这样的战略调整，他的军事知识太有限了。黄巾军被地方军阀牢牢地套住了，宝贵的时间延误了，有利的时机很快丧失，东汉政府赢得了喘息之机，得以从容调动大部队来部署战略反攻。甲子年的后半期，东汉政府调动讨伐羌部落的军队来对付黄巾主力。那些凉州部队和羌人打了上百年的恶仗，积累了丰富的战斗经验又强悍善战，没有经过训练的农民们不是他们的对手，开始品尝到连战皆败的苦味。张角看到黄巾军大势已去，忧虑成疾，在最关键的时刻病死在床上。黄巾军失去了领导中心，无法组织统一的抵抗活动，在政府军的攻击下大规模地溃败。于是，这个历史上第一次有组织有预谋的农民大起义以土崩瓦解的局面告终，前后只支持了11个月。黄巾部众被地方军阀收编，头领被送上断头台。

黄巾大起义就这样迅速走向失败，作为胜利一方的东汉王朝也随之走向末路，历史再也不能恢复以前的原状了。那些地方实力派军阀在镇压黄巾军的战斗中力量迅速壮大，并取得了压倒中央政府的优势，开始轻视中央，在自己管辖的范围内自行其是。凉州部队大将之一的董卓利用宫廷内乱把精锐军队开进首都，控制了中央政府，尊贵无比的皇帝成为他手中的傀儡，董卓成了实际上的皇帝。地方军阀不服从他的调遣，在各地割据称雄，全国陷入军阀混战的局面。

◎故事感悟

黄巾之乱对于东汉末年的政局产生了深远的影响。张角带领的黄巾军虽然最

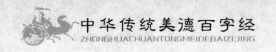

后被镇压下来，但这次起义却推动了历史的发展，为东汉末年军阀混战揭开序幕，更为三国鼎立种下远因。黄巾起义和在它影响下的各族人民起义，沉重地打击了腐朽的东汉王朝，使其最终走向了灭亡。

◎史海撷英

太平道起源

"太平道"创始于汉灵帝时钜鹿人张角。《后汉书·皇甫嵩传》说："初钜鹿张角自称大贤良师，奉事'黄老道，蓄养弟子'跪拜首过；符水咒说以疗病，病者甚愈，百姓信向之。角派遣弟子八人使于四方，以善道教化天下，转相诳惑，十余年间，众徒数十万，连结郡国，自青、徐、幽、冀、荆、扬、兖、豫八州之人无不毕应。"《三国志·张鲁传》注引《典略》说："张角为太平道。太平道：师持九节杖为符祝，教病人叩头思过，因以符水饮之，病或自愈者，则云此人信道；其或不愈，则云不信道。"《后汉书·襄楷传》说："初，顺帝时，琅琊宫崇旨阙，上其师于吉于曲阳泉水上所得神书一百七十卷，皆缥白素朱介，青首朱目，号《太平青领书》，其言以阴阳五行为家而多巫觋杂语。有司奏崇所上妖妄不经，乃收藏之。后张角颇有其书焉。"

"太平道"的开始，缘起于事奉"黄老道"，它的主要经典则是《太平经》。它的发展情况，是以善道教化，符水治病为基础，十数年间，徒众数十万，遍布八州。

◎文苑拾萃

道教三清

道教最高神灵"三清"分别是元始天尊、灵宝天尊和道德天尊。其中元始天尊又名"玉清元始天尊"，在"三清"之中位为最尊，也称原始天王，神仙中的第一位尊神。他是道教开天辟地之神，为上古盘古氏尊谓，称玉清元始天尊，也称原始天王。元始天尊生于混沌之前，太无之先，元气之始，故名"元始"。

灵宝天尊也是道教最高神灵"三清"的尊神之一，又称通天教主，原称上清高圣太上玉晨元皇大道君。齐梁高道陶弘景编定的《真灵位业图》列其在第二神阶之中位，仅次于第一神阶中位之元始天尊。唐代时曾称为太上大道君，宋代起才称为灵宝天尊或灵宝君。

　　道德天尊，即太上老君，道教天神、教主，为三清之第三位。又称"道德天尊"、"混元老君"、"降生天尊"、"太清大帝"等。在道教宫观"三清殿"，其塑像居右位，手执扇子，相传其原形为老子。

ZHONGHUACHUANTONGMEIDEBAIZIJING

黄巢起义

◎以不忍人之心，行不忍人之政，治天下可运之掌上。——《孟子·公孙丑上》

> 黄巢（820—884年），汉族，唐末农民起义军首领。曹州冤句（今山东东明县西南）人。屡举进士不第，以贩私盐为业。家富于财，善击剑骑射。黄巢是唐末农民起义的领袖人物，由于他的人格魅力和过人胆识，最终取代王仙芝而成为这场大起义的总领袖。由他领导的大起义摧毁了腐朽的李唐王朝，打破了唐末军阀割据混战的黑暗社会的僵死局面，为社会由分裂向统一过渡准备了条件，从而推动了历史继续向前发展。

黄巢农民出身，青少年时代受过系统的教育，和当时所有的士子一样，黄巢企图通过科举之路来提高自己的社会地位。他曾几次去唐帝国首都长安参加进士科的考试，可每次都榜上无名。唐王朝的科举，几乎全在场外决定。最初大权操在公主亲王之手，士子还可以用文章竞争，安史之乱后，大权操在宦官之手，这个最没有道德准则的社会群体不是优美的文章打动得了的，士子只有靠毁灭自尊心的谄媚和屈辱才能榜上题名。稍微有点才干和性格的人都不愿向宦官屈膝，黄巢就是其中之一。他不能适应当时的政治形态，摆在他面前的道路就是落第而归；但他对中央政府的腐败情形有深刻的认识，叛逆反抗的思想也因此油然而生。

在最后一次落第归来时，黄巢在长安城头上题了一首诗："待到秋来九月八，我花开后百花杀。冲天香阵透长安，满城尽带黄金甲。"对唐政府的不满和轻蔑跃然纸上。黄巢在书本上找不到出路时，便加入了贩卖私盐的行列，这个和政府法律对着干的营生，培养了黄巢的反抗意识和冒险精神，同时也结识到不少胆大粗豪的亡命朋友，为他日后揭竿而起创造了条件。

874年，滑州所属长垣县农民在饥饿愤怒的逼迫下铤而走险，推举一个私盐贩子王仙芝当领袖，向官府发动求生和报复式的武装攻击。第二年，黄巢就在家乡起兵响应，不出几个月就集结成两支庞大的群众武装。黄巢自称"大补平均大将军"，用"均贫富"的政治口号来吸引饥民加入他的队伍，所以每到一处都有新的力量投入，部队像滚雪球一样越滚越大，义军的实力得到了迅速的扩充，终于冲破了政府军的围堵，力量对比发生了变化，黄巢适时对唐政府采取进攻态势。

黄巢了解东南地区对中央的重要。长江以北的地区，因是安史之乱的主战场，各地都被划为军事区域，这些军事区域在战后因实力膨胀到一定程度，超过了中央的控制力量，遂纷纷拥兵自重，形成军阀割据的局面。唐政府在那里的权力空前狭小。这些军区如果遭到农民军的进攻，他们是在为自己的利益作战，理所当然会拼死抵抗，不像中央军那样不愿为政府卖命而被动应战。因此这些军事区域就像一个个坚固的堡垒一样，阻挡了义军前进的步伐，农民军如果在中原使用武力，必须逐个攻克这些堡垒，及时扩大战果，不能在敌军阵营内部引起崩溃式的连锁反应，这对力量还不足够强大的农民军来说是不明智的。同时，唐政府为了防御来自藩镇的威胁，在中原也针对性部署了强大的武装力量，农民军不容易讨到便宜。东南地区则不同，安史之乱没有波及那里，地方军阀不能借机扩充自己的实力，力量不能跟中央抗衡，中央牢牢地把握了主动权，因此东南地区在安史兵变后成为中央政府的粮食仓库。因为东南较为平静的缘故，中央在那里防守的武装力量较中原地区弱小得多，军队的战斗力也不强。

黄巢针对这个弱点，采取避实就虚的战略，绕开设防坚固的据点，兵锋直指江南，然后进入南岭的万山丛中。黄巢的军队在崇山峻岭中开山凿道700

华里，进入福建，洗劫了沿海的商业港口，然后来到富得流油，但防卫像一道纸屏的广州。黄巢在扫荡江南，摧毁唐政府的粮食仓库后，即回兵北向，向唐帝国发起总攻。

880年，黄巢兵团从采石矶渡长江北上，折回藩镇林立的中原。针对藩镇割据的现状，黄巢继续采取避实就虚，集中矛头打击唐帝国中央政府的战略，和各地藩镇武装达成休战的默契，得以从藩镇的缝隙里穿过去。

黄巢兵团在攻克唐帝国设在中原的军事据点东都洛阳后，即折兵西向，进入唐帝国的老巢关中平原，和中央军的主力部队决战。腐败的中央军不是身经百战的农民军的对手，像山崩一样溃退下来，通往帝国首都长安的门户打开了。黄巢兵团兵不血刃占领长安，不堪唐政府重税压榨的长安市民夹道欢迎农民军，像过节日一样喜气洋洋，他们对农民军寄予了极大的希望，认为好日子马上就会到来。黄巢即位称帝，建立"大齐帝国"。

大齐帝国的领土只有关中平原和洛阳到长安间的一块狭长地段，充其量只是一个力量强大一点的藩镇。因此大齐帝国的当务之急是乘胜追击，不给李姓皇族以喘息之机，从根子上铲除唐王朝的残余势力；然后挥师东向，削平各地藩镇，结束军阀割据的局面，最终统一中国。但黄巢并不这样认为，他认为自己就是中国至高无上的皇帝。在中国特有的宫廷制度下，黄巢从当皇帝的那一天开始，就陷入万千争宠的宦官与宫女之手，与宫门外的世界完全隔绝，那些本应为巩固新生政权浴血疆场的文臣武将，也在高墙深院内左搂右抱，日日御女酗酒，沉湎于他们过去所痛恨和反对的纸醉金迷的生活。大齐帝国的一切政治措施，几乎全是唐王朝腐败制度的翻版，甚至连最糟糕的宦官政治也继承下来，也把宦官派往各武装部队担任"监军"（防止军事统帅叛变），使在前线作战的将领自尊心受到极大的伤害，战斗力因此大不如前。

黄巢重用宦官的结果是逼反了对他忠心不二的大将朱温。朱温当时镇守河南开封，在前线和唐军苦战，可黄巢派往军中的监军宦官却向他索取巨额贿赂。朱温不答应，宦官就威胁说要去黄巢面前告发朱温叛变，还在军中煽动将士不服从朱温的命令,把骁勇善战的战士全部选拔出来作为自己的卫队,使军队战斗力大受伤害。朱温多次上奏章向黄巢申诉,可黄巢已陷入宫女和宦官的包围之中,他的一切申诉都被截留,无法到达黄巢面前。朱温在忍无可忍之余,就把监军宦官斩首,向唐王朝投降。唐政府大喜过望,立即任命他当宣武军区节度使。

朱温的叛变揭开了大齐帝国覆亡的序幕。唐僖宗李儇再度向沙陀兵团乞援。在庞勋兵变立下大功的李国昌的儿子李克用出兵,已丧失斗志的农民兵团一败再败,长安成了一座孤城。883年,黄巢在饥饿和勤王军的夹攻下放弃长安,向东撤退,进入河南时部众损失过半,好不容易退到开封,追兵的压力明显减轻,黄巢部队想停下来休整一下时,昔日的部将朱温又指挥重兵重重围裹上来,给了黄巢最后一击。884年,黄巢部众溃散,在朱温的反噬追击之下,黄巢逃亡到山东泰山北的虎狼谷,脖子被一柄利剑刺穿,一说是自杀,一说是他杀。

黄巢起义终于失败,离最后的成功只差一步之遥,击败他的与其说是他的敌人唐政府,还不如说是他自己。唐王朝又一次站在胜利的一方,只是这次胜利的代价巨大,把自己的精力消耗殆尽,剩下的日子进入了倒计时。20年后,黄巢的叛将朱温再度叛变,带兵进入皇宫,对宦官作绝种式的大屠杀,皇帝李晔成了他手中的傀儡。第二年,朱温强迫李晔迁都到他控制下的洛阳,到了洛阳又把李晔刺死。907年,朱温干脆把唐王朝这块破旧的招牌一脚踹开,自己坐上宝座当皇帝,唐王朝终于灭亡。

◎故事感悟

黄巢起义是中国历史上的一场相当重要的农民起义运动,也是唐代历史上规模最大的农民起义,直接打击了唐朝政府的腐朽统治,冲击了封建最高统治者,加速了唐朝的灭亡,推动了历史的向前发展。

◎史海撷英

黄巢称帝

中和元年(881年),黄巢军进入长安,金吾大将军张直方率众迎接黄巢大军进城,"整众而行,不剽财货",群众达百万人。入城后,军纪严明,闾里晏然,晓谕市人:"黄王起兵,本为百姓,非如李氏不爱汝曹,汝曹但安居无恐。"向贫民散发财物,百姓列席欢迎。广明元年十一月(881年),即位于含元殿建立了大齐政权,年号金统。

原唐朝官员,四品以下留用,余者罢之,以尚让为太尉兼中书令,赵璋为侍中,孟楷、盖洪为尚书左、右仆射,皮日休为翰林学士。不久,其部属"杀人满街,巢不能禁",唐宗室留长安者几无遗类,唐室官员惶惶不可终日,《秦妇吟》言:"华轩绣毂皆销散,甲第朱门无一半","内库烧为锦绣灰,天街踏尽公卿骨"。又没收富家财产,号称"淘物",宫室皆赤脚而行。次年,唐军曾一度攻入长安,齐军暂时撤出,驻军霸上,唐军入城后烧杀掳掠,不得民心,齐军当夜反攻,将唐军驱逐出城。齐军也烧杀抢掠,城内血流成河,黄巢一时间阻止不了,史记"巢不能止"。黄巢未派大军追击唐僖宗,让唐军有了喘息机会。

◎文苑拾萃

不第后赋菊(咏菊)

黄 巢

待到秋来九月八,我花开后百花杀。

冲天香阵透长安,满城尽带黄金甲。

李自成起义

◎不以仁政不能平治天下。——《孟子·离娄上》

　　李自成（1606—1645年），明末农民起义领袖。原名鸿基。称帝时以李继迁为太祖。世居陕西米脂李继迁寨。童年时给地主牧羊（一说家中非常富裕），曾为银川驿卒。崇祯二年（1629年）起义，后为闯王高迎祥部下的闯将，勇猛有识略。八年荥阳大会时，提出分兵定向、四路攻战的方案，受到各部首领的赞同，声望日高。次年高迎祥牺牲后，他继称闯王。十一年在潼关战败，仅率刘宗敏等十余人，隐伏商雒丛山中（在豫陕边区）。次年出山再起。十三年又在巴西鱼腹山（腹一作复）被困，以50骑突围，进入河南。其时中原灾荒严重，阶级矛盾极度尖锐，起义军提出"均田免赋"等口号，获得广大人民的欢迎。当时农民中传颂着"迎闯王，不纳粮"的歌谣。闯王部队发展到百万之众，成为农民战争中的主力军。崇祯十六年（1643年）李自成在襄阳称新顺王。同年，在河南汝州（今临汝）歼灭明陕西总督孙传庭的主力，旋乘胜进占西安。次年正月，建立大顺政权，年号永昌。不久攻克北京，推翻明王朝。由于起义军领袖犯了胜利时骄傲的错误，迫害吴三桂的家属，逼反了吴三桂，吴三桂迎满清贵族入关并联合进攻农民军。李自成迎战失利，退出北京，率军在河南、陕西抗击。永昌二年（1645年）在湖北通山九宫山战死（另有其他说法）。

　　李自成起义发生在740年后的明王朝末期。

　　李自成没进过学堂，大字不识一个，年轻时曾在驿站当过驿卒；因为职业的缘故，马上功夫很了得。16世纪30年代，他的家乡陕西米脂天灾人祸连绵不断，饥饿的乡民把树皮草根吃光后，最后竟挖掘"观音土"来果腹，数天之后腹部下坠而死。一些不愿吃观音土而死的乡民，只好集结起来当强盗。那些稍有积蓄的家庭被抢劫一空，也变成饥饿的群众。他们知道当强盗是犯法的，非死不可，但他们与其坐着等死，宁愿当强盗犯法被处死，即便当鬼，也愿当一个饱死鬼。明王朝第十七位皇帝朱由检和那些常年不上朝的草包前任相比责任心要强一些，但智商不高，不能从根本上解决强盗问题，只知派军队镇压讨伐。腐败的明政府军队对真正的强盗束手无策，就屠杀不愿当强盗的逃亡乡民，用他们的人头冒功领赏。那些侥幸逃脱的本分流民为了躲避军队的滥杀，只好也投身强盗队伍，结果强盗越来越多。乡民大量逃亡当强盗后，地方户口大减，可贪婪愚蠢的明政府税收不减，甚至为了虚报"政绩"而增加税收。那些逃亡乡民应承担的税收，就落在仍在家乡吃草根树皮辛勤耕种的守土乡民身上，结果把这部分乡民也逼上梁山，加入盗匪的行列，因此灾区遍地皆匪，全国到处都是民变。

一个政府使人民陷入如此悲惨之境，实在是不能原谅的罪恶。

李自成曾向姓艾的乡绅借过钱，限期到时，他无力偿还。艾家通知米脂县政府把李自成逮捕，拷打后戴上重枷，押到市面上，在毒烈的太阳下示众。看守李自成的狱卒于心不忍，就把李自成移到有树荫的地方，给他一点饮食，艾家仆人们咆哮着上前阻止。在旁边围观的李自成的江湖朋友不胜愤怒，在呐喊声中拥上去把重枷打碎，一齐逃到城外一带的树林中，商议如何善后。一直到这时候，他们仍没有跟政府对抗的意思，但县政府已出动军队围剿。

李自成等人知道一旦被捕后的结果是什么，于是拿着树枝木棍从树木中一拥而出，平时专横跋扈实则胆小如鼠的军官大吃一惊，从马背上跌下来摔死了，军队溃散，弓箭刀枪全被李自成部众掳获。他们有了杀人武器，索性一不做二不休，就在当天夜里进攻米脂县城，很顺利地把县城占领。附近饥民闻风而至，立即集结了1000余人。

明政府调集大军围攻李自成部众，政府军的力量比李自成集团要大好几倍，因此李自成早期的日子一直不好过，一直在和力量占绝对优势的明军苦斗，潼关一战几乎全军覆没，只剩下18个人转斗脱险，隐姓埋名藏匿于商锗山中。在形势有所好转时，李自成再度出山，但仍然步步艰险，有一次还险些被另一个农民起义军领袖张献忠吞没。在河南，李自成的命运出现了转机，有两位知识分子在关键时刻拯救了他，他们是李信和牛金星。

　　李自成在李信、牛金星的辅佐下，停止报复性的屠杀，把只知盲目攻杀、以掠夺报复为宗旨的农民军改造成一支服务于一定政治目的的正规部队；同时发出"迎闯王，不纳粮"的政治号召，以收天下民心。结果李自成的队伍像滚雪球一样越滚越大，力量茁壮成长，对明政府由被动流窜转入主动进攻，接连攻克军事重镇襄阳和洛阳，然后乘胜攻入西安，在那里建立"大顺"政权。1644年，李自成出师北伐，穿过山西省，明政府的防御力量土崩瓦解，连最著名的九边之一的军事重镇大同都望风归降，农民军几乎没有遇到认真的抵抗就直抵北京城下。李自成于三月十七日到达北京，明政府用以保卫首都，但却五个月不发薪饷的十万防卫部队霎时叛变。十八日夜晚，监视城防的宦官巨头曹化淳（皇帝朱由检最为宠信的权力宦官）大开城门，迎接大顺兵团进城。崇祯帝朱由检在十九日清晨去煤山上了吊，死时只有几个小宦官跟着他。

　　李自成坐上朱由检坐的宝座，把大顺政府由西安迁到北京。大顺政府虽然占领了首都北京，把皇帝赶下了台，但事实上他们只控制了华北的一部分，离统一全国还有很长的一段路程。大顺帝国当时仍然强敌环伺，主要的威胁来自三个方面：一是明政府的城防军虽然覆没，但明政府的一只最强劲的边防军，由吴三桂率领，从他的防地宁远向北京驰援，前锋已抵达距北京150公里的丰润。吴三桂勇武善战，是大顺兵团真正的劲敌。二是北方兴起的后金汗国对中原虎视眈眈，张开的血盆大口随时准备把华北的任何汉人政权吞没。三是明政府的中央政权虽然垮台，但明政府的残余势力在南京另立新政权，整个南中国仍在他们的掌握之中。因此大顺政府的处境并不轻松，所面临的情势还相当严重，新政权的当务之际是乘胜追击，把明政府的残余势力扫荡干净，尤其是首先要解决吴三桂这个燃眉之急；同时还要调集重兵防御后金汗国对新政权趁火打劫。

　　除了李信、宋献策等寥若晨星的智慧人物外，大顺政权的决策人物对当时的情势一无所知，他们看不到四周那些虎视眈眈的强敌，因而也看不到明政府降臣的利用价值，急不可待地想在他们身上清算旧账。他们从拷掠第一个贪官起，就重蹈9世纪时农民领袖黄巢所犯过的错误。在宦官和宫女包围的皇宫中，李自成无法跟往常一样同他的高级干部生活在一起，和臣民隔绝开来。大顺政府虽然为部队制定出了二十一条军规，但进入北京后并没认真执行，军队纪律空前败坏。李信虽然在朝中一再强调军纪，但他一个人的声音太微弱了，引不起大顺政府的重视。才几天工夫，北京市民就对新政权极度失望，从心底诅咒这个强盗政权早一点垮台。

李自成在李信等人的劝说下，终于意识到吴三桂的重要，派人持他父亲吴襄的亲笔信到军前劝他归降。吴三桂给说动了，决心归顺新政权，形势本来对李自成很有利，可大将刘宗敏却让形势来了个180度的大转弯。

刘宗敏从进入北京的那一天起，就没有离开过美酒和艳妇，除了李自成按指标分给他的宫女外，他还自行去名门望族强抢豪夺，最后居然闯入吴三桂的府中，把吴三桂的爱妾陈圆圆给抢去了。

吴三桂在率军归降大顺政权的途中，得到父亲被拷掠追赃和陈圆圆被刘宗敏抢去的噩耗，当即火冒三丈，下令军队掉转方向，回师山海关，同时命士兵为死去的皇帝朱由检穿上白色丧服，誓言为朱由检报仇。李自成亲率大军讨伐吴三桂，两军在山海关前决战。数量占绝对优势的大顺军队因被旧王朝腐败病菌侵蚀的缘故，战斗力大不如前，在阵前讨不到半点便宜。当战斗成胶着状态，两军战斗成了强弩之末时，八旗军投入战斗，李自成不能抵抗，像海潮一样溃退下来，并且一溃不可收拾。吴三桂穷追猛打，李自成在北京不能立足，不得不离开那个才坐了一个月的皇帝宝座，向西安撤退。

这时李自成仍拥有山西、陕西和鄂豫西部的广大地盘。实力依旧很强大。如果李自成听信李信的建议，固守三川，经略河南，联合南明政权以对抗主要的敌人清帝国，大顺帝国仍有东山再起的希望，纵不能迅速统一中国，也可称雄割据一方。但李自成却听信器小易盈的牛金星的谗言，把李信冤杀了，拆毁了大顺帝国最后的一段长城。大顺兵团自此兵败如山倒，丢弃了山西、河南，一直退到西安，还没来得及喘口气又弃城向东南逃亡，在九江掉入吴三桂的口袋，大顺兵团全军覆没，刘宗敏被吴三桂擒获砍头。

李自成率领20余骑逃往湖北通城，在通过九宫山时被杀。一代枭雄李自成的生命就这样完结了，距他登基当皇帝才一年多一点的时间，溃败的速度实在太快了。

◎故事感悟

李自成率百万大军，除暴抗恶，推翻明朝，立下了不世之功。最后虽然失败了，但他仍然功不可没。他带领农民起义军轰轰烈烈的起义为明王朝的败亡揭开了序幕，在历史上留下的功绩也将会被世人所牢记。

◎史海撷英

李自成入京

崇祯十七年（1644年）一月，李自成东征北京，突破宁武关，杀守关总兵周遇吉，攻克太原、大同、宣府等地，明朝官吏姜瑞、王承胤纷纷来降，又连下居庸关、昌平。三月十七日半夜，守城太监曹化淳率先打开外城西侧的广甯门，农民军由此进入今北京复兴门南郊一带。三月十八日，李自成派在昌平投降的太监杜勋入城与崇祯秘密谈判。据《小腆纪年附考》卷四载，李自成提出的条件为："闯人马强众，议割西北一带分国王并犒赏军百万，退守河南……闯既受封，愿为朝廷内遏群寇，尤能以劲兵助剿辽藩。但不奉诏与觐耳。"双方谈判破裂。三月十九日清晨，兵部尚书张缙彦主动打开正阳门，迎刘宗敏军队入城，崇祯皇帝在景山自缢，李自成下令予以"礼葬"，在东华门外设厂公祭，后移入佛寺。二十七日，葬于田贵妃墓中。李自成入住紫禁城，封宫女窦美仪为妃。大顺军进城之初京城秩序尚好，店铺营业如常。但从二十七日起，大顺军开始拷掠明官，四处抄家，规定助饷额为"中堂十万，部院京堂锦衣七万或五万三万，道科吏部五万三万，翰林三万二万一万，部属而下则各以千计"，刘宗敏制作了5000具夹棍，"木皆生棱，用钉相连，以夹人无不骨碎"。城中恐怖气氛逐渐凝重，人心惶惶，"凡拷夹百官，大抵家资万金者，过逼二三万，数稍不满，再行严比，夹打炮烙，备极惨毒，不死不休"，谈迁《枣林杂俎》称死者有1600余人。李自成手下士卒抢掠，臣将骄奢，"杀人无虚日，大抵兵丁掠抢民财者也"。四月十四日，西长安街出现告示："明朝天数未尽，人思效忠，定于本月二十日立东宫为皇帝，改元义兴元年。"十三日，由李自成亲率十万大军奔赴山海关征讨吴三桂。

◎文苑拾萃

李自成墓

　　李自成墓属全国重点文物保护单位，位于湖北省通山县九宫山下牛迹岭。李自成（1606—1645年），明末农民起义领袖。本名鸿基，陕西省米脂人。据记载，大顺永昌二年（1645年）初夏，他由武昌挥师东下南京，因形势逆转，征途受阻，即取道九宫山转战江西，不意在山下李家铺突遭清军袭击，仓促突围，单骑误入葫芦槽，被小源口寨勇头目程九伯杀害，遂葬于此。新中国成立后曾多次维修，并增建了拱桥、层台、花坛、墓碑、陈列馆、休息厅等附属建筑。墓碑上书"李自成之墓"系郭沫若所题，墓后高处耸立着下马亭，附近还有落印荡、激战坡等遗址。

"等贵贱，均贫富"的钟相举义

◎治世以大德不以小惠。——《华阳国志》

杨么（？—1135年），名太，在南宋初洞庭湖地区农民起义的诸首领中最为年轻。楚语称幼为么，故称他为"么郎"或"杨么"。后来起义首领钟相牺牲后，杨么仍继续坚持斗争，逐渐成为起义军共同拥护的领袖。

钟相，鼎州武陵（今湖南常德）人。早在北宋末年，钟相就在家乡武陵，以行医为名，利用宗教作掩护，建立起一种互助团体"乡社"，用"平等"、"平均"思想发动和组织群众。他提出"等贵贱，均贫富"的口号，受到农民的欢迎，加入"乡社"的人越来越多。建炎元年（1127年），金军攻陷汴京。在民族危亡的重要关头，钟相以大局为重，招募300名"勤王"民兵，由长子钟子昂率领，前往南京（今河南商丘南）支持宋高宗抗击金兵。但南宋王朝腐败无能，屈服于金军武力，决计弃土南逃，下令遣散各地"勤王"义军。钟子昂只好带领300人回到鼎州。钟相父子将被遣回的"勤王"民兵留下加以训练，准备起义。建炎四年（1130年）二月，钟相在洞庭正式发动起义，以武陵为中心，建立了农民革命政权，称楚王，建国号楚，建元天载。

起义爆发后，鼎州、澧州（今湖南澧县）和荆南各地的农民群众纷起响应，杨么、杨广、夏诚等人皆率众起义，在钟相的指挥下掀起斗争风暴。很快，鼎州的武陵、桃源、辰阳、源江，澧州的澧阳、安乡、石门、慈利，荆南的枝江、松滋、公安、石首，潭州的兰阳、宁乡、湘阴、江化，峡州（今湖北宜

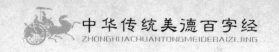

昌)的宜都,岳州(今湖南岳阳)的华容,辰州(今湖南源陵)的源陵,洞庭湖周围等6州19个县,除部分城镇以外,全被义军占领。

起义军在斗争过程中积极贯彻"等贵贱,均贫富"的战斗纲领,宣布宋朝的"国典"为邪法,予以废除。农民军所到之处,烧毁官府、寺观、神庙和豪绅宅园,镇压了一批作恶多端、为害人民的官吏。由于起义军以实际行动实施了"等贵贱,均贫富"的纲领,极大地鼓舞了广大农民,成千上万的贫苦农民踊跃前来参加。仅仅10多天,起义人数就发展到三四十万。

南宋反动政府对金军步步退让,却把起义军视作"腹心之害","咽喉之疾"。建炎四年二月,南宋政府任命宋将孔彦舟为荆湖南北路"捉杀使",领兵前来镇压钟相起义。同时,驻守鄂州(今湖北武昌)的南宋宣抚访察使李允文派一支步兵进攻益阳,一支水兵进攻澧口,一支战舰游袭洞庭湖,围攻大楚政权。钟相把农民分成左右两翼,左翼以澧州为重点,右翼以龙阳为重点,迎击来犯官兵。孔彦舟看到以武力不能取胜,便施展阴谋,一面声称同义军"休战",扬言引军东向,以麻痹钟相;一面派人伪装"入法",打入义军内部,策动内应。三月下旬的一个夜晚,孔彦舟突然袭击钟相兵营,里应外合地打败了义军,钟相及其长子钟子昂被擒,孔彦舟将钟相父子押送朝廷处死。但是洞庭湖畔人民的反抗斗争并没有停息,而是更加汹涌澎湃地发展。

钟相牺牲后,洞庭湖畔的起义斗争由杨么来领导。杨么原名杨太,是随钟相"入法"的一位青年农民,楚人把幼叫做"么",故又称杨么。他是一位勇敢善战、十分坚定的农民领袖。他注意吸取钟相失败的经验教训,利用洞庭湖地区湖港交错、丘陵起伏的有利自然条件,制定了一套"农兵相兼"、"陆耕水战"的作战方法,建立了一块较为巩固的农民革命根据地,展开了蓬蓬勃勃的武装斗争。起义军的声势日渐壮大,给南宋王朝以严重的威胁。建炎四年(1130年)六月,南宋王朝派程昌寓为鼎澧路镇抚使兼鼎州知州,领兵镇压起义军。程昌寓行至鼎江中途的龙阳县境时,遭到义军截击。绍兴元年(1131年)春天,程昌寓水陆并进,攻打夏诚寨。宋军来犯时,起义军早有准备。他们大开城门,引诱敌车船进入汜江口。起义军发起反击,大败宋军,夺取了敌人的全部车船。程昌寓大败而回。

绍兴三年（1133年）六月，南宋王朝又派神武前军统制兼淮南宣抚司都统制王燮为荆南制置使，率领神武前军3万人和建康水军1万人，对起义军实行围剿。十月，王燮率领水军刚到鼎口，就被起义军早已布置好的车船截住。接着，王燮又策划了一个新的阴谋。十一月，王燮对起义军大规模进攻。他先把水军留交统制官崔增、吴全指挥，据守下游，埋伏在湘江口和洞庭湖等处，拦击起义军船只，自己率领步兵由陆路去鼎州，同时相约程昌寓从上游发起正面进攻，妄图两面夹击起义军。起义军探知消息后，将计就计，一日之间，歼敌1万多人，缴获大量器甲刀枪等战利品，击毙崔、吴二将。接着，起义军掉转头来进攻上流的宋军，又取得重大胜利。

杨么起义军占据洞庭洞，阻遏东南江浙和川陕地区的交通，给南宋政府以严重威胁。南宋王朝把农民军看作比金、齐更危险的敌人。他们宁肯放弃抗金，也要千方百计镇压杨么起义。绍兴四年八月，宋高宗任命宰相张浚兼最高军事长官，亲临督战，又把驻防淮西前线的岳飞军调往洞庭湖。在南宋王朝的督促下，岳飞到洞庭湖后，针对杨么起义军的特点，改变了作战方法。岳飞到鼎州城，在加紧军事、经济封锁的同时，进一步采用"固敌将，用敌兵，夺其手足之助，离其腹心之托"的办法，进行招安活动。结果，起义军重要首领黄佐、杨钦先后投降。绍兴五年（1135年）六月十二日岳飞军向各水寨发动猛攻。义军很多营寨被攻破，战船被夺，凡是不肯投降的都遭到残杀。起义军的领袖杨么不幸被俘牺牲。杨么牺牲以后，岳飞军又进攻夏诚水寨。结果，水寨被攻破，夏诚被俘，也壮烈牺牲。与夏诚同时牺牲的，还有许多其他义军首领。一场坚持5年之久的轰轰烈烈的农民起义，就这样被南宋王朝镇压下去了。

◎故事感悟

农民的这种平均主义，要求在小农经济基础上实现平均和平等，无疑是带有空想的性质。但是，用平均主义反对贵贱不等，反对封建的经济制度和政治制度，这在当时的历史条件下是有利于社会进步的。

◎史海撷英

杨么兵败

绍兴五年春，宋高宗调岳飞前往镇压起义军，又派宰相张浚亲临督战。他们在湖区各要道屯驻重兵，缩小包围圈，加紧经济封锁，并在夏季进兵，踩践禾稼，造成起义地区严重的经济困难，同时大力开展政治诱降活动。黄佐、杨钦叛变投敌，起义军内部分化瓦解，杨么力战不屈，被俘牺牲。

◎文苑拾萃

破阵子·为陈同甫赋壮词以寄之

辛弃疾

醉里挑灯看剑，梦回吹角连营。八百里分麾下炙，五十弦翻塞外声。沙场秋点兵。

马作的卢飞快，弓如霹雳弦惊。了却君王天下事，赢得生前身后名。可怜白发生！

太平天国的大同平等

◎志合者，不以山海为远；道和者，不以咫尺为近。——晋·葛洪

洪秀全（1814—1864年），原名洪仁坤、小名火秀，汉族客家人，原籍广东嘉应州，清嘉庆十八年十二月初十生于广东花县（今广州花都区）福源水村。太平天国创建者及思想指导者，称"天王"。道光年间洪秀全屡应科举不中，遂吸取早期基督教义中的平等思想，创立拜上帝会，撰《原道救世歌》以布教，主张建立远古"天下为公"之盛世。

太平天国是清朝后期的一次由农民起义创建的农民政权。开始的标志是1851年金田起义，结束的标志是1864年天京陷落，历时13年。

太平天国政治纲领的核心思想是反对外来侵略，维护国家主权；消灭地主阶级，平均分配土地。太平天国是中国近代的一次大规模农民起义，其疆域最广阔之时曾占有中国半壁江山。因此它有着当时时代的显著特征。另一方面，洪秀全在这次起义假借了当时从西方宗教传入的新兴宗教——基督教，这可能与当时老百姓希望求变的思想有关。太平天国的理论纲领都包括在《原道救世歌》、《原道觉世训》、《原道醒世训》等几本书之内。然而，洪秀全的太平天国虽然声称结合西方基督教义、中国儒家大同思想、农民平均主义，但他其实对基督徒一无所知。他的思想，其实全部源于当时的中国籍传教士梁发所写的《劝世良言》。后来有外国传教士知道了这件事，试图向他讲述《圣经》的道理，反而被洪秀全斥为异端。不过，洪秀全这些非基督教亦非儒家的"三及第"思想，对于当时处于半殖民地半封建社会的群众有着很大的

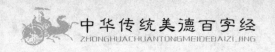

号召力。

19世纪四五十年代，以英、法等为首的几个主要资本主义国家，为了迅速发展的需要，他们不断对外发动侵略，资本主义国家的"平等"、"民主"思想也随之在他们所占领的殖民地、半殖民地传播开来。作为中国近代农民阶级知识分子中优秀人物代表的洪秀全，其家乡位于资本主义国家侵略的前沿（广东花县），面对资本主义国家文化思想的传入，他终于摒弃了儒家传统思想的那一套，在四次科考失败后，对传播西方资本主义国家宗教的小册子——《劝世良言》进行深入研究，接受了书中"平等"的思想主张，开始产生反对清朝统治的革命思想，并把这种思想主张作为反抗清朝专制主义统治的理论武器。清王朝所处的时代是资本主义迅速发展的时期，但统治阶级的故步自封、闭关自守、自绝于世界近代化潮流之外，使得我们这一伟大文明的古国逐渐地落后于西方资本主义国家。到嘉庆、道光两代皇帝时，清朝的统治更加腐朽衰败。处于内外交困形势下的清王朝加重了对劳动人民的剥削，中国人民因此而生活在水深火热之中。要改变少数人压迫多数人的这种极不平等的状况，中国人民强烈地期待着"改朝换代"的这一天。身临其境的洪秀全顺应了中华民族与社会发展的主要矛盾，代表了中国劳动人民群众的利益，针对中国社会的不平等现象，提出了"平等"的思想主张，得到了强烈要求平等的劳动人民的热烈拥护。他在早期的《原道救世歌》一文中说："开辟真神惟上帝，无分贵贱拜宜虔。天父上帝人人共，天下一家自古传。"

在《原道醒世训》一文中指出："天下多男人，尽是兄弟之辈，天下多女子，尽是姊妹之群。"

在《原道觉世训》一文中，洪秀全又提出："天下总一家，凡间皆兄弟……万姓同出一姓，一姓同出一祖。"

洪秀全针对中国贫苦百姓被封建统治阶级当做牛马，而提出一系列平等的思想主张，这对于激发广大贫苦百姓起来同清朝政府的黑暗统治作斗争，有着十分重要的鼓动作用。

1843年，他与冯云山、洪仁玕等人一起建立了拜上帝会，用以组织贫苦百姓。拜上帝会成了洪秀会推行平等思想的重要组织机构。在拜上帝会的领导下，拜上帝会众们为建立一个平等的理想社会进行着一系列的活动。拜上帝教的会众们心里明白，要改变自己被奴役、受压迫的悲惨处境，实现平等的理想社会，就必须跟着洪秀全，推翻清朝政府的黑暗生活。在短短的8年时间里，到1850年底，紫荆山地区的会众迅速发展到几万人之多。太平天国运动因此而有了重要的群众基础。太平天国运动早期的历史告诉我们，洪秀全是靠"平等"这一思想主张赢得了广大贫苦百姓们的支持与拥护，而使运动得以顺利开展起来。可见，平等思想原则对于鼓励贫苦百姓所起作用之大。

1851年9月，太平军一举攻克永安州城，太平天国领导人在此进行政治、军事等方面的建设。洪秀全等人针对太平天国军队中出现的某些问题发布诏书，申明军纪，他要求"各军各营众兵将，各宜为公莫为私"，凡是在攻打敌人和占领敌城池时所缴获的绸帛金银宝物等财产，不得私藏，一律尽数交归圣库，"逆者议罪"。洪秀全用极其严格的军事纪律限制将士们的私心，坚持对待将士们一视同仁。将士们一律平等，这对于加强军队内部的团结，尤其是促进士兵们的作战积极性，推进太平天国运动的顺利开展，起着十分重要的作用。在平等的原则下，士兵们无所畏惧，勇往直前，将领们身先士卒，前赴后继。其中南王冯云山在全州阵亡，西王萧朝贵在长沙牺牲。他们都是为了建立一个平等的理想社会而献出了自己宝贵的生命。可以想象到，"平等"这一理想社会，对于饱受压迫的中国人民大众来说是何等的向往。平等思想原则在太平天国的胜利进军中发挥了巨大的作用。

1853年3月，太平天国定都南京后，迅速颁布了代表农民阶级利益的纲领性文件——《天朝田亩制度》。

该制以解决土地问题为中心，包括了政治、军事、经济和文化等方面，以宗教语言否认一切私有财产权，规定了废除一切私有制的总原则："天下人人不受私，物物归上主"，据此宣布"凡天下田，天下人同耕"，实行土地平均使用制；规定凡16岁以上的男女均可分得田亩，15岁以下减半，好田次田搭配，绝对平均。农民的农副产品除自用外，均缴"国库"，力图实现"无处不均匀，无人不饱暖"的理想。这反映了农民阶级要求土地的迫切愿望，是对行之两千年的封建土地所有制的否定。然而它把小农业与农民家庭手工业

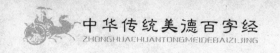
紧密结合的自然经济理想化、固定化，具有阻碍生产力发展、违反社会发展规律的落后性；它所宣扬的平均主义分配方案，只是农民小生产者的农业社会主义空想，是不可能实现的。

太平天国的目的在于建立一个"有田同耕，有饭同食，有衣同穿，有钱同使，无处不均匀，无人不饱暖"的这样一个人间天堂或人间天国的理想。为了实现这样一个国家，太平天国设立了"圣库"制度，人们所需要的一切支出都由"圣库"开支，土地一律归公，再按人口平均分配，每户必须从事农副业生产，"凡天下树墙下以桑，凡妇蚕绩缝衣裳。凡天下每家五母鸡，二母猪，无失其时"，它描绘出一幅自给自足的田园生活。太平军进入南京后，曾一度解散了原来的城市、取缔了商业，他们没收了天京城内的一切私有财产，包括商店，手工作坊，小手工具等所有的个人的私有财产；所有的人都按军事组织分别进行男女编组，整个城市变成了一个大军营，在这里洪秀全进行了他所谓的"太平天国"理想国家的试验。

鸦片战争以后，土地高度集中，封建政治空前黑暗，农民阶级深受统治阶级残酷的压迫，他们强烈要求改善自己在政治上受压迫，经济上受剥削的奴役地位。太平天国运动所倡导和坚持的平等原则，反映了农民阶级的愿望，因《天朝田亩制度》的颁布，而使反封建的斗争进入到高潮阶段。这一时期，在洪秀全、杨秀清等人的领导下，太平天国军队进行北伐与西征，打败了江北大营、江南大营的清军，解除了天京外围的威胁。这再一次显示出"平等"主张在定都后所发挥出的巨大作用。

◎故事感悟

太平天国运动是中国封建社会最后一次大规模农民起义。同历史上许多次农民起义一样，也是以建立"大同"、"平等"作为口号，但农民起义是不会改变当时的社会性质的，即使起义成功，农民起义也只是封建王朝改朝换代的工具。太平天国建立政权之后，也没有逃脱这一历史规律。不过，太平天国提出的口号，确实比以往的农民起义所提出的口号有一些新意。

◎史海撷英

攻克南京城

太平军进军到湖北东部广济县老鼠峡的时候，两江总督陆建瀛率领3000多名清兵进行堵截。刚一交战，清军就败退，陆建瀛率领残兵败将，逃到南京去了。太平军势如摧枯拉朽，很快就占领了九江、安庆、芜湖等地，兵临南京城下。

南京有外城和内城两道关口。陆建瀛逃回南京以后，想凭借坚固高厚的城墙固守，和太平军顽抗。太平军水军停泊在南京城北面的长江上。从上游新洲戴胜关到下游七里洲，布满了船只，一眼看不到边际。陆军则在长江岸边建立了24座军营，威武严整。为了减少攻城的阻力，洪秀全叫太平军战士在南京城外空旷处搭了许多高台，让口齿流利的人到高台上向城外的群众宣讲反清的道理和太平军的纪律。他们说："天王领导的太平军决不伤害老百姓，乡亲们不要害怕。你们回去转告街坊邻里和亲戚朋友，就说太平军是专门打妖官妖兵，让大家过上太平日子的。"太平军还发布安民告示，安抚老百姓。老百姓听了，人人眉开眼笑，议论着说："太平军为咱们打仗，可得吃饱才有力气啊！"他们都争着把自己家里的大米、蔬菜和猪、鸡、鸭送来慰劳太平军。有的人还把身边的钱掏出来，交给太平军战士。

守在南京城头的清军官兵抬眼望去，见从南京城外到江东门，纵横十几里，遍地都是头戴红巾，身穿短衣，手拿刀矛的太平军，不觉心惊胆战；又看到太平军战士和老百姓亲热得像一家人，他们就更心慌意乱了。陆建瀛急得没办法，哄骗士兵说："不要害怕。有观音大士帮助咱们守城。只要大家都磕头烧香，就保证没事儿。"又叫士兵把丧门神的凶相抬上城头，吓唬太平军。太平军战士看见都哈哈大笑，嚷着说："拿鬼吓唬人，真是无奇不有！"

做了充分准备以后，太平军决定攻城了。从广西来的挖煤工人悄悄地爬到南京城边，在北门凤仪门的城墙下埋了火药、地雷。只听"轰隆隆"一声巨响，在弥漫的硝烟中，城墙倒塌了。太平军战士奋不顾身地冲了进去，一场短兵相接，清兵纷纷倒地。守在这里的陆建瀛也被砍死。清兵纷纷丢下刀矛，慌忙向四处逃散，太平军占领了外城。接着，太平军又冒着内城守军的炮火，攻开南城聚宝门和水西门、旱西门，像潮水似的涌进内城，杀死清军江宁将军祥厚、副都统霍隆武，攻占了南京城。

洪秀全等太平天国首领在十多万太平军将士的簇拥下，进入南京。他们决定改南京为天京，把它定为太平天国的首都。

文苑拾萃

陈玉成就义

咸丰十一年（1861年），太平军的重镇安庆失守，陈玉成被迫退守庐州。这时，驻守在寿州（今安徽省寿县）的将领苗沛霖给陈玉成送信说："庐州是孤城，粮缺兵少，而寿州兵多粮足，可以固守。如果英王愿意来，我们非常欢迎。"陈玉成急于解决士兵的吃粮问题，就率领4000人来到寿州。可是，陈玉成刚刚进了寿州城，城门前的吊桥就撤去了。陈玉成与太平军战士被分开，城中一股伏兵冲过来，把陈玉成逮住了。原来，苗沛霖早已经投了清军。他是奉了清军统帅胜保的命令诱捕陈玉成的。苗沛霖让侄子苗景开劝陈玉成投降，陈玉成愤怒地斥责说："你叔叔是无赖小人，像墙头草一样随风摇摆。我是顶天立地的男子汉，岂能投降妖贼，为虎作伥！"

苗沛霖把他送到胜保那里。陈玉成抬头挺胸，毫无惧色。胜保走下座位，亲手为陈玉成解开绳索，请他坐下，又命侍从端来好酒好菜，招待陈玉成，说："你这么年轻，何必固执？不投降就只有死路一条啊！"陈玉成怒不可遏，大声说："我怕死就不参加太平天国，即参加了太平天国，早就把生死置之度外了。要杀要剐由你，要我投降，除非日头从西边出来！"胜保说："你再仔细想想吧。"陈玉成说："大丈夫死就死了。你还啰唆什么！"

胜保无法，只好把陈玉成送往北京。途中听说太平军和捻军要拦劫囚车，搭救陈玉成，就急忙命人把陈玉成在河南延津教场杀害了。陈玉成牺牲时只有26岁。

争女权秋瑾离家革命

◎为仁由己，而由人乎哉？——《论语·颜渊》

> 　　秋瑾（1875—1907年），近代民主革命志士。原名秋闺瑾，字璇卿，号旦吾，乳名玉姑，东渡后改名瑾，字（或作别号）竞雄，自称"鉴湖女侠"，笔名秋千、汉侠女儿，曾用笔名白萍。祖籍浙江山阴（今绍兴），生于福建厦门。秋瑾蔑视封建礼法，提倡男女平等，常以花木兰、秦良玉自喻，性豪侠，习文练武，曾自费东渡日本留学。她积极投身革命，先后参加过三合会、光复会、同盟会等革命组织，联络会党计划响应萍浏醴起义未果。1907年，她与徐锡麟等组织光复军，拟于7月6日在浙江、安徽同时起义，事泄被捕。同年7月15日，秋瑾从容就义于绍兴轩亭口。

　　清末至五四时期，是对中国现代史和当代史具有重大意义的历史转折期。其间，几千年来传统的文化思想支柱轰然折断，封锢而锈迹斑驳的镣铐纷纷瓦解，神圣而不可亵渎的偶像轰然坠地。这当然要归功于世界的进步以及因西学东渐而高扬人性大旗的先驱者们。彼时，新科学新思想如长夜中的霹雳闪电，向黑沉沉的神州大地投来一线曙光，摇撼了陆沉的东方。东方开始了觉醒，先知先觉者呼啸而出，如龚自珍、魏源、章太炎、梁启超、康有为、严复、谭嗣同、邹容、孙中山、李大钊、秋瑾、胡适、鲁迅。在世界大潮流冲击之下，妇女的解放问题理所当然成了当时国人瞩目的焦点之一。

　　中国近代力倡妇女解放的先锋，非秋瑾莫属。她自幼刻苦好学，奔放不羁，认为"但凡爱国之心，人不可不有，若不知本国文字、历史，即不能生爱国心也"；同时，受到国运日衰、西学东渐的影响，再加上后来她家世的衰败、婚姻的苦痛，遂逐渐养成了反抗叛逆的思想性格，而"爱国"与"女权"则成了她终生为之奋斗的主题。她在《宝刀歌》一诗中写道："汉家宫阙斜阳里，五千余年古国死。一睡沉沉数百年，大家不识做奴耻……莫嫌尺铁非英物，救国奇功赖尔汝。"拳拳忧国之心足可使许多男子汗颜。

1904年4月，秋瑾东渡日本求新学，与其他留日革命者一起重组了"共爱会"，参加了孙中山领导的"三合会"，成立了"演说练习会"，创办了《白话报》，参加了光复会，后又加入同盟会，结识了陶成章、蔡元培、徐锡麟等人。后因形势变化，遂于1906年初回国，一边大倡女权，创办《中国女报》，一边在浔溪女校、大通学堂从教，联络革命志士，组织光复军，准备武装起义。1907年7月6日，因人告密，安庆起义失败，7月13日秋瑾率少数师生孤军奋战，旋即被捕。在狱中她坚强不屈，"坚不吐实"，并在供状上写下"秋风秋雨愁煞人"七个大字。

秋瑾此前是可以逃走的，有人劝她，但她慷慨陈词："我不入地狱，谁入地狱？"15日凌晨，秋瑾在绍兴轩亭口英勇就义，时年仅31岁。

秋瑾认为，争女权、求平等，第一须"自振"："使读者触目惊心，爽然自失，奋然自振，以为我女界之普放光明。"第二须"自立"："女子被凌辱都是女子不谋自己养活自己的学问艺业，反倒讲究缠脚扮装去媚男子，一生唯知依靠男子，毫无自立的性质的缘故"；第三须"合群"："欲脱男子之范围，非自立不可；欲自立，非求学艺不可，非合群不可"；第四，须求"自由"："秋月如镜照江明，一派清波敢摇动。将军大笑呼汉儿，痛饮黄龙自由酒。"

◎故事感悟

由思想的解放，到经济的独立，到学业技艺的掌握，直到政治的斗争，这既是秋瑾躬蹈身践的革命之路，也是她践行的妇女解放之路。

◎史海撷英

秋瑾从容就义

1905年秋，陶成章和徐锡麟在绍兴创办大通师范学堂，借以召集江南各府会党成员到校，进行军事训练。后来，秋瑾在该校发展了600多名会员。光绪三十三年正月（1907年2月），秋瑾接任大通学堂督办，不久与徐锡麟分头准备在浙江、安徽两省同时举事，联络浙江、上海军队和会党，组织光复军，推徐锡麟为首领，自任协领，拟于7月6日在浙江、安徽同时起义。因事泄，于7月13日在大通学堂被捕。7月15日，从容就义于浙江绍兴轩亭口。

光绪三十四年，秋瑾生前好友将其遗骨迁葬杭州西湖西泠桥畔，因清廷逼令迁移，其子王源德于宣统元年（1909年）秋将墓迁葬湘潭昭山。1912年，湘人在长沙建秋瑾烈士祠，又经湘、浙两省商定，迎送其遗骨至浙，复葬西湖原墓地。

◎文苑拾萃

宝刀歌

秋　瑾

汉家宫阙斜阳里，五千余年古国死。

一睡沉沉数百年，大家不识做奴耻。

忆昔我祖名轩辕，发祥根据在昆仑。

辟地黄河及长江，大刀霍霍定中原。

痛哭梅山可奈何？帝城荆棘埋铜驼。

几番回首京华望，亡国悲歌泪涕多。

北上联军八国众，把我江山又赠送。

白鬼西来做警钟，汉人惊破奴才梦。

主人赠我金错刀，我今得此心雄豪。

赤铁主义当今日，百万头颅等一毛。

沐日浴月百宝光，轻生七尺何昂藏？

誓将死里求生路，世界和平赖武装。

不观荆轲作秦客，图穷匕首见盈尺。

殿前一击虽不中，已夺专制魔王魄。

我欲只手援祖国，奴种流传遍禹域。

心死人人奈尔何？援笔作此《宝刀歌》。

宝刀之歌壮肝胆，死国灵魂唤起多。

宝刀侠骨孰与俦？平生了了旧恩仇。

莫嫌尺铁非英物，救国奇功赖尔收。

愿从兹以天地为炉、阴阳为炭兮，铁聚六洲。

铸造出千柄万柄宝刀兮，澄清神州。

上继我祖黄帝赫赫之威名兮，一洗数千数百年国史之奇羞！

第三篇

任人唯才　平等待人

武丁托梦用傅说

◎公私之分明，则小人不嫉贤，而不肖者不妒
功。——《商君书》

傅说（约公元前1335—前1246年），殷商王武丁的至高权臣。传说为傅岩筑墙之奴隶。武丁梦得圣人，名曰说，求于野。乃于傅岩得之，举以为相，国大治。据正史典籍、近年考古发现及傅氏早期家谱等文献记载，他是中华汉族傅氏家族的始祖。

武丁是商代一个有作为的国王，相传少时在民间生活，了解民间的疾苦，也熟悉下层的人物。他对国事和用人问题上的见识，远在他的父王小乙之上。

武丁即位后，遍观宫中大臣，没有一个可以辅佐他成就一番事业的。于是，他想出一个计谋。

一日，武丁与群臣宴饮，正在兴奋之际，武丁突然昏倒，人事不省。大臣恐慌，多方调治不见效，三天之后，武丁突然清醒，对大臣述说他几天来做的一场奇梦：

我昏迷之中，上天见到天帝，天帝叫我尽心国事，不拘旧法，选拔贤人，革除积弊。临别时，天帝告诉我有一个奴隶叫"说"的，是个贤才，上天赐之于我。你们赶快四下寻找，尤其不要放过在边远贫苦之地做苦工的奴隶。

群臣受命四出察访，终于在傅险一带（今山西平陆县东）找到那个叫"说"的人，面貌、名字都和武丁梦中所见一样。"说"是一个奴隶，正在傅险那个地方修筑城墙。傅说"见武丁，武丁曰：是也。得而与之语，果圣人，举以为相，殷国大治"。因为是在傅险得到的，因此定名为"傅说"。

　　武丁是怎样想到傅说呢？司马迁说是"武丁夜梦得圣人，名曰说"，"乃使百工营求之野"。比较可信的解释是：武丁少时在民间曾到傅险一带私访，他扮作杂役，遇见筑城的傅说，谈及国事民心，意见十分相投，深感傅说是个不凡的人。即位以后，意欲拔以重任，又恐众人不服，于是才演出梦见天帝圣人的故事。

◎故事感悟

举人为贤，不拘出身资格，一旦发现，百计求之，这是武丁的成功之处。

◎史海撷英

武丁盛世

　　武丁，商朝君主，后世称作高宗。传说名昭，为盘庚弟小乙之子。年幼时，武丁曾在外行役，与"小人"一起劳作，因而较了解"稼穑之艰难"。他即王位后，提拔傅说执政。傅说原为刑徒，被武丁发现，加以重用。

　　武丁还任用甘盘为大臣，以此二人"接天下之政，治天下之民"，力求巩固统治，增强国力，使商王朝得以大治。《史记·殷本纪》称："武丁修政行德，商道复兴。"由于武丁将商王朝推向极盛，被称作"武丁中兴"。

　　武丁在位期间，不断向南面的虎方、东面的夷方、北面的鬼方（既匈奴）以及羌方、周族等进行大规模征伐。其中对对方作战动员的兵力，有时3000人，有时甚至达5000人；对鬼方用兵3年才攻克。据殷墟卜辞记载，武丁的配偶妇好还亲自率兵征伐羌方。除了"伐羌"之外，卜辞中还有许多"获羌"、"用羌"的记载，即抓获了羌人的俘虏并用作人祭的牺牲，且数字惊人。

　　武丁向四方连年用兵，征服了周围的许多小方国。这些征伐战争，为王朝形成"邦畿千里，维民所止，肇域彼四海"的广大疆域奠定了基础。

　　武丁在位59年，死后，由其子祖庚继承王位。

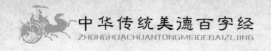
◎文苑拾萃

《竹书纪年》

　　《竹书纪年》，相传为战国时魏国史官所作，记载自夏商周至战国时期的历史。据《晋书·卷五十一》可知原书十三篇。《竹书纪年》是编年体史书，记载先秦时期的历史，与传统正史记载多有不同，对研究先秦史有很高的史料价值，《竹书纪年》又与近年长沙马王堆汉初古墓所出古书近似，而《竹书纪年》的诸多记载也同甲骨文、青铜铭文相类，可见其史料价值。

孟尝君用人不拘一格

◎人只有一个公私，天下只有一个邪正。——朱熹

> 孟尝君（？—前279年），名田文。战国四公子之一，齐国宗室大臣。其父靖郭君田婴是齐威王少子、齐宣王的异母弟弟，曾于齐威王时担任军队要职，于齐宣王时担任宰相，封于薛（今山东滕州东南官桥张汪一带），权倾一时。田婴死后，田文继位于薛，是为孟尝君，以广招宾客，食客3000人而闻名，同时也是权倾一时。

　　战国时齐国的孟尝君田文虽以善于养士著称，但他最初也并非来者不拒，对不太喜欢的士人他也常逐之。后来，经过鲁仲连的劝说，他才真正懂得了用人不拘一格的道理。

　　一次，孟尝君要驱逐一位不喜欢的食客，正巧遇到好友鲁仲连。鲁仲连对他讲了一番十分耐人寻味的话，使他改变了主意。鲁仲连说："猿猕猴错木据水，则不若鱼鳖；历险乘危，则骐骥不如狐狸。曹沫之奋三尺之剑，一军不能当；使曹沫释三尺之剑，而操铫镰与农夫居垅亩之中，则不若农夫。故物舍其所长，取其所短，尧亦有所不及矣。今使人而不能，则谓之不肖；教人而不能，则谓之拙，拙则罢之，不肖则弃之，使人有弃逐，不相与处，而来害相报者，岂非世之立教首也哉！"他这段话的大意是，人都是各有所长，亦有所短，若弃长取短，人人都成了愚人；若用其所短，就更为不智。

　　鲁仲连的一番话，说得孟尝君茅塞顿开，不再驱逐那位食客。从此，他更加广泛地延揽士人，不拘一格，来者不拒，各种人才都奔走于他的门下，为他所用。

齐湣王二十五年（公元前277年），孟尝君应秦昭王之邀入秦，秦昭王准备任命他为相国。有人劝秦昭王说："孟尝君贤，而又齐族也，今相秦，必先齐而后秦，秦其危矣。"秦昭王因此没有任命，并且把孟尝君囚了起来，企图将他杀死。孟尝君知道后，派人请求秦昭王的宠姬帮助，这个宠姬说："妾愿得君狐白裘。"孟尝君曾有一件狐白裘，价值千金，天下无双，但刚到秦国时，他便献给了秦昭王，再也没有了。

在这个关键时刻，他的食客起了作用。孟尝君忧心忡忡，问门客怎么办，大家都无言以对，唯有一个在下座、能作狗盗的人说："臣能得狐白裘。"于是，他在半夜中学狗叫入秦宫，盗取了孟尝君所献的狐白裘，转手献给了秦王宠姬。孟尝君因而被秦昭王释放，他当即便打点行装，改变姓名逃奔齐国，半夜时分到达函谷关（今河南灵宝北）。秦昭王放走孟尝君后，又有些后悔，派人骑快马传令各关口，勿放孟尝君出关。秦国有一条法令，到鸡鸣时才能开关放人过境，孟尝君唯恐追兵赶上，急于出关，问门客有何办法。有一门客当即回答说，他能学鸡鸣，愿效力。此人一鸣，众鸡齐鸣，守关者一听鸡鸣，立即开关放人，孟尝君一行人得以出关。走了没有一顿饭的工夫，秦使者来到关前，听说孟尝君已出，只好回去复命。孟尝君得以返回齐国。

◎故事感悟

这个故事说明，用人要不拘一格，凡有一技之长者，都可以在一定的时间发挥自己的特长。鸡鸣狗盗虽为世人所鄙，但在关键时刻却起到了其他人无法起到的作用。若能懂得其中的道理，便不会有无人可用的感叹。

◎史海撷英

孟尝君纳谏

孟尝君代表齐国前往楚国访问，楚王送他一张象牙床。孟尝君令登徒直先护送象牙床回国，登徒直却不愿意去，他对孟尝君门下人公孙戌说："象牙床价值千金，如果有一丝一毫的损伤，我就是卖了妻子儿女也赔不起啊！你要是能让我躲过这趟差使，我有一把祖传的宝剑，愿意送给你。"公孙戍答应了。他见到孟尝君说："各个小国家之所以都延请您担任国相，是因为您能扶助弱小贫穷，使灭亡的国家复存，使后嗣断绝者延续，大家十分钦佩您的仁义，仰慕您的廉洁。现在您刚到楚国就接受了象牙床这份厚礼，那些还没去的国家又拿什么来接待您呢？"孟尝君听罢回答说："你说得有理。"于是决定谢绝楚国的象牙床厚礼。公孙戍告辞快步离开，还没出小官门，孟尝君就把他叫了回来，问道："你为什么那么趾高气扬、神采飞扬呢？"公孙戍只得把赚了宝剑的事如实报告。孟尝君于是令人在门上贴出布告，写道："无论何人，只要能弘扬我田文的名声，劝止我田文的过失，即使他私下接受了别人的馈赠，也没关系，请赶快来提出意见。"

◎文苑拾萃

聘齐经孟尝君墓

（南朝陈）陈暄

薛城观旧迹，征马屡徘徊。

盛德今何在，唯余长夜台。

苍茫空垄路，憔悴古松栽。

悲随白杨起，泪想雍门来。

泉户无关吏，鸡鸣谁为开。

出身奴虏的托孤大臣

◎君子至公引类，小人徇私立党。——何坦

金日磾（公元前134—前86年），字翁叔。是驻牧武威的匈奴休屠王太子，汉武帝因获休屠王祭天金人故赐其姓为金，深受汉武帝喜爱。后元二年（公元前87年），汉武帝病重，托霍光与金日磾辅佐太子刘弗陵，并遗诏封秺侯。金日磾在维护国家统一和社会安定方面建立了不朽的功绩，是我国历史上一位有远见卓识的少数民族政治家。他的子孙后代因忠孝显名，七世不衰，历130多年，为巩固西汉政权，维护民族团结，做出了重要贡献。

汉武盛世是人才辈出的时代，在这一人才群体中，有两个人格外突出，一个是僮仆出身的大将军卫青，另一个是出身奴虏的托孤大臣金日磾。

金日磾原本是匈奴休屠王太子。武帝元狩年间（公元前122—前117年）休屠王和昆邪王密谋降汉，休屠王临事反悔，为昆邪王所杀，其部众归汉。金日磾与其母、弟都没入官府为官奴婢，输黄门养马，当时他才14岁。作为匈奴休屠王当年的太子，金日磾度过了屈辱、痛苦的岁月，但他并没有自怨自艾，而是从养马上寻求解脱。由于他从小与马匹打交道，加之尽心尽力，所养马匹个个膘肥体壮，历史终于向他展示了脱颖而出的际遇。

一天，汉武帝游宴苑囿，巡视马匹，随从的有大批官员和后宫妃嫔。马夫牵着所养马匹从殿下走过。马夫都偷偷地觑看皇帝和后妃的风姿，只有金日磾目不斜视，加之他的状貌魁伟，所养马匹肥壮，使武帝十分满意，"即日赐汤沐衣冠，拜为马监，迁侍中驸马都尉光禄大夫"。金日磾由一个奴虏被提拔为皇帝的亲近侍臣后，从来未犯过失，武帝对他甚是信爱，赏赐累千金，出则骖乘，入侍左右。一些达官贵戚对此很忌恨，说："陛下妄得一胡儿，反贵重之！"武帝听了以后，对金日磾更加器重。

史书称赞金日磾"笃慎"，他对武帝忠诚，处事则周密谨慎。金日磾的两个儿子是武帝的弄儿，经常与武帝嬉戏。后来弄儿长大，在殿下与宫人戏，正好被金日磾看见。金日磾恶其淫乱，当场将他杀死。武帝听说后大怒。金日磾不住地叩头，将事实经过奏报。武帝此后内心里对金日磾很是敬畏。金日磾在武帝左右数十年，目不忤视，武帝赐给他宫女，他都不敢近身。武帝想将他的女儿纳入后宫，金日磾也不同意，使武帝特别赏识。金日磾母亲阏氏病故，武帝将她的肖像置于甘泉宫，图上标明"休屠王阏氏"，以示尊重。金日磾的"金"姓，也是武帝赐予的。

汉武帝重用金日磾，并非仅仅出自于招徕少数民族的政策，而是赏识和器重他的德操和才能，是因为金日磾持重可靠，能托付大事。武帝末年，统治集团内部矛盾错综复杂，近臣马何罗兄弟蓄意谋反，金日磾察觉其行为反常，昼夜提防。一日，马何罗手持利刃想谋刺汉武帝，幸亏被金日磾及时发觉，武帝才幸免于难。武帝临终，仓促立8岁的刘弗陵为太子，命霍光辅佐少主。霍光辞让，推荐金日磾。金日磾认为自己是外族人，坚决不肯接受。武帝于是任霍光为大司马大将军，金日磾为车骑将军，与上官桀、桑弘羊等人同受遗诏辅政。武帝遗诏封金日磾为秺侯，金日磾以昭帝年少，不受封。后来，金日磾两个儿子金赏、金建在昭帝世也都贵显一时。

班固《汉书·霍光金日磾传》赞语说："金日磾夷狄亡国，羁虏汉庭，而以笃敬寤主，忠信自著，勒功上将，传国后嗣，世名忠孝，七世内侍，何其盛也！"

◎故事感悟

　　将外族俘虏收为亲信，付以托孤之重，这在中国历史上是少见的。武帝用人不拘出身、资格，大胆使用，表现了知人之明和非凡的胆略。

◎史海撷英

忠正之臣金日磾

　　金日磾两子，武帝很喜爱，时常留在身边嬉戏。由于长子放荡不羁，和宫女嬉戏，被金日磾亲手所杀，武帝对金日磾敬重有加。武帝征和二年（公元前91年），由于江充诬陷太子事件败露（即"巫蛊之祸"），武帝诛灭了江充。江充好友马何罗阴谋反叛，被金日磾察觉，并暗中监视他。一天，武帝出行到林光宫，金日磾因小病卧床休息，马何罗窜入宫中向武帝行刺，早有警惕的金日磾迅速上前抱住马何罗，大喊"马何罗反了！"侍卫们一拥而上，马何罗被擒，后治罪。从此，金日磾的忠诚笃敬和聪明才智闻名于朝野。

◎文苑拾萃

《轮台罪己诏》节选

　　前有司奏，欲益民赋三十助边，是重困老弱孤独也。而今又请遣卒田轮台，轮台西于车师千余里，前开陵侯击车师时，危须、尉犁、楼兰六国子弟在京师者皆先归，发畜食迎汉军，又自发兵，凡数万人，王各自将，共围车师，降其王。诸国兵便罢，力不能复至道上食汉军。汉军破城，食至多，然士自载不足以竟师，强者尽食畜产，羸者道死数千人。朕发酒泉驴、橐驼负食，出玉门迎军。吏卒起张掖，不甚远，然尚厮留其众。

　　曩者，朕之不明，以军候弘上书言"匈奴缚马前后足，置城下，"驰言："秦人，我句若马。"又汉使者久留不还，故兴遣贰师将军，欲以为使者威重也。古者卿大夫与谋，参以蓍龟，不吉不行。乃者以缚马书遍视丞相、御史、二千石、诸大夫、郎为文学者，乃至郡属国都尉成忠、赵破奴等，皆以"虏自缚其马，不祥甚哉"，或以为"欲以见强，夫不足者视人有余"。

　　《易》之卦得《大过》，爻在九五，匈奴困败。公军方士、太史治星望气，及太卜龟蓍，皆以为吉，匈奴必破，时不可再得也。又曰："北伐行将，于鬴山必克。"卦诸将，贰师最吉。故朕亲发贰师下鬴山，诏之必毋深入。今计谋卦兆皆反缪。重合侯得虏候者，言："闻汉军当来，匈奴使巫埋羊牛所出诸道及水上以诅军。单于遗天子马裘，常使巫祝之。缚马者，诅军事也。"又卜"汉军一将不吉"。匈奴常言："汉极大，然不能饥渴，失一狼，走千羊。"

太宗择人，唯才是与

◎公则四通八达，私则偏向一隅。——薛宣

> 　　唐太宗李世民（599—649年），唐朝第二位皇帝。陇西成纪人，祖籍赵郡隆庆（今邢台市隆尧县）。政治家、军事家、书法家、诗人。即位为帝后，积极听取群臣的意见，努力学习文治天下，成功转型为中国史上最出名的政治家与明君之一。唐太宗开创了历史上的"贞观之治"，经过主动消灭各地割据势力，虚心纳谏，在国内厉行节约，使百姓休养生息，终于使得社会出现了国泰民安的局面，为后来全盛的开元盛世奠定了重要的基础，将中国传统农业社会推向鼎盛时期。

　　"唯才是举"是中国历史上用人方面的一个优良传统，唐太宗李世民是继承、发扬这一传统的杰出人物。他曾申明："吾为官择人，惟才是与。苟或不才，虽亲不用……如其有才，虽仇不弃"，并且在实践中，努力实行了这一原则。

　　对于自己众多的宗亲故旧，太宗在任用上从不徇情。襄邑王李神符是他的叔父，虽立有战功，但不善于管理、节制部属，而且腿脚有疾，行动不便，因此太宗不顾其不满，令他去职归家。太宗的另一位叔父李神通是灭隋兴唐的功臣，但在后来作用逐渐减小，所以地位、待遇不如房玄龄、杜如晦等大臣。对此，他极为不满，公开责问太宗："臣举兵关西，首应义旗，今房玄龄、杜如晦等专弄刀笔，功居臣上，臣窃不服。"太宗回答："义旗初起，叔父虽首唱举兵，盖亦自营脱祸。及窦建德吞噬山东，叔父全军覆没；刘黑闼再合余烬，叔父望风奔北。玄龄等运筹帷幄，坐安社稷，论功行赏，固宜居叔父之

先。叔父，国之至亲，朕诚无所爱，但不可以私恩滥与勋臣同赏耳！"唐太宗的这种公正的分析与处置，使诸将无不折服，"乃相谓曰：'陛下至公，虽淮安王尚无所私，吾侪何敢不安其分。'"

贞观三年（629年），濮州刺史庞相寿因贪污罪被免职。他当年曾是秦王府的亲信幕僚，便想利用这种故旧关系求太宗开恩豁免。太宗起初很可怜他，想复其官职。魏征谏曰："秦王左右，中外甚多，恐人人皆恃恩私，足使为善者惧。"太宗幡然醒悟，对庞相寿说："我昔为秦王，乃一府之主；今居大位，乃四海之主，不得独私故人。大臣所执如是，朕何敢违！"于是将庞相寿遣返乡里。

在另一方面，唐太宗对那些原来反对自己或属于敌对营垒，但有真才实学的人，也能捐弃前嫌，委以重任。魏征早年曾参加瓦岗军反隋，后归降唐朝，在太子建成府中任太子洗马，是李建成的心腹谋士，"见太宗与隐太子阴相倾夺，每劝建成早为之谋"。后来太宗发动玄武门之变，诛建成、元吉，迫高祖李渊让位。他平时很看重魏征的才能，但知道魏征曾劝建成图己，就召魏征来责问他说："汝离间我兄弟，何也？"周围人见太宗声色俱厉，都替魏征担心，魏征却慷慨自若，从容作答："皇太子若从臣言，必无今日之祸。"太宗非常欣赏魏征的风骨，怒容消解，并且格外礼遇魏征，很快擢拜他为谏议大夫，多次召魏征入寝宫，询问治国之得失。魏征颇具治国之能，为人亦正直无私。他感激太宗的知遇之恩，尽心尽力为之效力，敢言直谏，前后建言200余事，皆切合时要。后累迁秘书监、侍中等职，参掌枢要，协理国事，贡献甚大。唐太宗曾高度赞扬他说："贞观之后，尽心于我，献纳忠谠，安国利人，成我功业，为天下所称者，惟魏征而已。古人名臣，何以加也。"魏征病死后，太宗"望哭尽哀"，说："人以铜为镜，可以正衣冠；以古为镜，可以见兴替；以人为镜，可以知得失。魏征没，朕亡一镜矣！"太宗对魏征之重视，于此可见。

另一位贞观名臣王珪原来也是李世民的对立面，在建成的东宫中任太子中允，深受建成器重。太宗素闻其名，即位后，不计前嫌，任他为谏议大夫。他真心实意竭尽臣节，多有良谋进献。对于太宗的过失，他总是直言劝谏。

太宗曾对他说："卿所论朕，皆中朕之失。自古人君莫不欲社稷永安，然而不得者，只为不闻己过，或闻而不能改也。今朕有所失，卿能直言，朕复闻过能改，何虑社稷之不安乎？"又说："卿若常居谏官，朕必永无过失。"后又升迁王珪为黄门侍郎，参与政事，不久进拜侍中，与房玄龄、魏征、李靖、温彦博、戴胄同知国政，合力开创了"贞观之治"的大好局面。

◎故事感悟

　　唐太宗作为封建专制主义中央集权制度下的君主，能够做到坚持真理，用人不亲私故，不弃仇雠，诚属难能可贵。后人誉之为开明皇帝，名副其实。

◎史海撷英

唐太宗早年

　　唐太宗于隋开皇十八年十二月二十二日（599年1月23日）出生于武功别馆，是唐高祖李渊与窦皇后的次子。614年娶妻长孙氏，武德九年八月二十一日立为皇后，即长孙皇后。

　　隋大业十一年（615年），隋炀帝被突厥10万骑围困于雁门（今山西代县），李世民受募从屯卫将军云定兴之命前往救援，提出虚张军容，昼引旌旗数十里，夜以钲鼓相应的疑兵计。时值东都及诸郡援兵亦至忻口（今忻县北），迫使突厥始毕可汗解围而去。十三年六月，与其兄李建成率兵攻西河（今汾阳），首战获胜，促使李渊决意西向关中。任右领军大都督，统右三军，封敦煌郡公。七月随李渊自太原（今太原西南）南下。途中李渊一度动摇，欲还师更图后举。李世民坚决主张继续进军，提出先入咸阳，号令天下的方略。八月，进攻霍邑（今霍州），先率轻骑至城下，诱隋守将宋老生出战，继而率骑猛冲其侧背，配合李渊、建成正面攻击，斩宋老生，克其城。九月，军至河东（今永济西南），力主急速进军长安（今西安），遂奉命率前军西渡黄河，顺利占领渭河以北地区，各大族豪强纷至军门投效，数支农民起义军亦来归附，兵力迅速发展至13万人。十一月，会诸军攻克长安。李渊立代王杨侑为帝，即隋恭帝，改大业十三年为义宁元年。以光禄大夫、大将军、太尉唐公为假黄钺、使持节、大都督内外诸军事、尚书令、大丞相，进封唐王，李世民为京兆尹，改封秦公。义宁二年三月，为右元帅，徙封赵国公。

同年（618年）五月，隋恭帝禅位于唐，唐王即皇帝位，国号大唐，改元武德。武德元年，以赵公世民为尚书令、右翊卫大将军，进封秦王。

唐朝建立以后，为统一全国，先后进行了6次大的战役。这6个战役李世民就指挥了4个，且全部取得了胜利，为唐朝立下了赫赫战功。

◎文苑拾萃

饮马长城窟行

李世民

塞外悲风切，交河冰已结。

瀚海百重波，阴山千里雪。

迥戍危烽火，层峦引高节。

悠悠卷旆旌，饮马出长城。

寒沙连骑迹，朔吹断边声。

胡尘清玉塞，羌笛韵金钲。

绝漠干戈戢，车徒振原隰。

都尉反龙堆，将军旋马邑。

扬麾氛雾静，纪石功名立。

荒裔一戎衣，灵台凯歌入。

姚崇不因私去贤

◎智而用私，不若愚而用公。——《吕氏春秋·贵公》

姚崇（650—721年），本名元崇，字元之，避唐玄宗"开元"年号讳，改名姚崇。父姚懿，曾任硖石县令。祖籍江苏吴兴，因先辈世代在陕州为官，遂定居陕州硖石（今属陕县硖石乡）。出身于官僚家庭，年轻时喜好逸乐，年长以后才刻苦读书，大器晚成。历任武则天、唐睿宗、唐玄宗三朝宰相，有"救时宰相"之称，是中国历史上的著名宰相。特别是在玄宗朝早期为相，对"开元之治"贡献尤多，影响极为深远。

姚崇"少倜傥，尚气节"，年长后开始用功学习，以门荫入仕，为挽郎。后中制举下笔成章科，授濮州司仓参军，屡迁至夏官郎中。因奏事明晰流畅，为武则天所赏识，拜夏官侍郎。圣历三年（700年），进同凤阁鸾台平章事，从此任相。中宗时，出任亳、宋、常、越、许等州刺史。睿宗立，拜兵部尚书、同中书门下三品，又进中书令。因反对太平公主干政而获罪，贬为申州刺史，移徐、潞二州，迁扬州长史，后又徙同州刺史。在任时，为政宽简，井井有条，为人称道。玄宗即位后，重新起用他为兵部尚书、同中书门下三品，又迁紫微令。他忠心为国，勤勉用事，与另一位宰相宋璟并称"姚宋"，齐心协力辅佐玄宗，成就了"开元之治"的鼎盛局面。在用人方面，他秉公无私，任人唯贤，史称姚崇当国，"进贤退不肖而天下治"。他正确对待魏知古一事，就很好地说明了这个问题。

魏知古原为睿宗朝黄门侍郎，为人方直，颇具才学。姚崇爱其才能，积极向玄宗举荐。其后，玄宗欲造玉真观，魏知古以为劳民伤财，连连上书劝谏。玄宗见他果然忠直敢言，就提升他为宰相，与姚崇同列。后来魏知古摄吏部尚书，掌管东都选官之事。恰好姚崇的两个儿子在东都洛阳任职，想凭借魏知古与姚崇的旧关系升迁，就通过魏知古的门客向他送礼。魏知古不但不买账，而且回长安后，如实向玄宗报告了此事。

一天，玄宗召姚崇问道："你的儿子有才能吗？都在哪里？"姚崇知道玄宗骤然问此事，必定是劣子出了问题，就说："臣二子分司东都，其为人多欲而寡慎，是必尝以事干魏知古。"玄宗原以为姚崇可能会因为爱惜儿子而隐忍此事，听到姚崇如此回答，不禁喜出望外，就问他："你是怎么知道的？"姚崇回答："知古是我所推荐任相的，我儿子必定以为他会感念我的恩德，而去请托他。"玄宗听后，赞赏姚崇的不讲私情，但是在另一方面，却鄙薄魏知古的为人，想将他斥退。姚崇知道此事，连忙劝阻说："臣子无状，挠陛下法，陛下赦其罪，已幸矣；苟因臣逐知古，天下必以陛下为私于臣，累圣政矣。"姚崇强调不能因一己私事损害国家政治，其论甚为严正，玄宗于是答应了他的要求。虽然后来终于将魏知古罢为工部尚书，但总算不为已甚，仍能继续发挥其作用。

◎故事感悟

姚崇识大体，重人才，不因一己喜好利害而妨碍国家选用人才，这种精神值得称道。

◎史海撷英

姚崇上书

唐睿宗即位后，将姚崇召回朝廷担任兵部尚书，不久又迁他为中书令。当时太平公主专权，太子处境艰难。姚崇等人上书请求让公主去洛阳，结果得罪了公主，又被贬到外地当刺史，唐玄宗即位后，姚崇等人才被召了回来。

有段时期达官贵族都上奏请求度人为僧，也有人拿出自己的财产出来修建寺庙。由于僧人不用缴纳赋税，所以很多人钻这个空子，用出家的方法来逃避赋税。姚崇上书说："佛是在人的内心里的，并不注重形式。佛图澄这么贤明的高僧，还是保不住后赵的江山；鸠摩罗什也是难得的高僧，也不能挽救后秦的灭亡。历史上那么多人信佛，可却没有几个人能够保全自己的。所以说只要内心慈悲，多行善事，让百姓安乐，这就是佛了，哪还用得着乱度坏人出家！"唐玄宗接受了他的意见，让有关部门查实，最后查出有一万多人有问题，强迫他们还了俗。

◎文苑拾萃

连昌宫词

元　稹

我闻此语心骨悲，太平谁致乱者谁。
翁言野父何分别，耳闻言见为君说。
姚崇宋璟作相公，劝谏上皇言语切。
燮理阴阳禾黍丰，调和中外无兵戎。
长官清平太守好，拣选皆言由相公。
开元之末姚宋死，朝廷渐渐由妃子。
禄山宫里养作儿，虢国门前闹如市。
弄权宰相不记名，依稀忆得杨与李。
庙谟颠倒四海摇，五十年来作疮痏。

外举不避仇 内举不避亲

◎能去私曲就公法者，民安而国治。——《韩非子·有度》

祁奚（公元前620—前545年），姬姓，祁氏，名奚，字黄羊。春秋时晋国人（今山西祁县人），因食邑于祁（今祁县），遂为祁氏。周简王十四年（公元前572年），晋悼公即位，祁奚被任为中军尉。祁奚本晋公族献侯之后，父为高梁伯，因食邑于祁，遂以祁为姓。“下宫之难”后，晋景公曾以赵氏之田“与祁奚”。悼公继位，“始命百官”，立祁奚为中军尉。平公时，复起为公族大夫，基本上不过问政事了。祁奚在位约60年，为四朝元老。他忠公体国，急公好义，誉满朝野，深受人们爱戴。

“外举不避仇，内举不避亲”，是我国古代举荐人才的一段佳话。

此事发生在春秋时期的晋国。晋平公时，年老的中军尉祁奚请求退休。晋平公为由谁继任，征询祁奚的意见，祁奚“称解狐，其仇也”。晋平公刚要任命解狐，不料他却病死了。晋平公又询问祁奚谁可任中军尉，祁奚回答说：“午也可。”午就是祁午，是祁奚的儿子。后来中军副尉羊舌职也死了，祁奚又推羊舌职的儿子羊舌赤继任。晋平公于是任命祁午为中军尉，羊舌赤为中军副尉。

《左传》的作者在评价这件事时说：“君子谓祁奚于是能举善矣，称其仇不为谄，立其子不为比，举其偏不为党。”他还引用《尚书·商书》中的话说：“‘无偏无党，王道荡荡。’其祁奚之谓矣。”意思是说，不偏私，不结党，王道才能发扬光大。大史学家司马迁也说：“祁奚可谓不党矣！外举不隐仇，内举不隐子。”这些都是说祁奚举荐人才出以公心，一心为国。

祁奚不仅能够出以公心举荐人才，而且善于保护人才。晋平公八年（公元前550年），晋国公卿范鞅与大夫栾盈发生矛盾，于是鼓动父亲范宣子灭掉栾氏。范宣子当时主持晋国政事，手握大权，栾盈被迫逃到楚国，范宣子杀死了与栾盈关系密切的箕遗、黄渊及羊舌虎等人，拘禁羊舌虎之兄羊舌赤、羊舌肸等人。有人对羊舌肸说准备为他说情，羊舌肸却理都不理。羊舌肸对人说：一定要祁大夫说情才管用。人们问他为什么，他说："祁大夫外举不弃仇，内举不失亲，其独遗我乎？《诗》曰：'有觉德行，四国顺之。'夫子觉者也。"

祁奚听说羊舌赤、羊舌肸兄弟二人要被治罪，当即由快马驾车面见范宣子，说："《诗》曰：'惠我无疆，子孙保之。'《书》曰：'圣有暮勋，明征定保。'夫谋面鲜过，惠训不倦，叔向有焉。社稷之固也，犹将十世宥之，以劝能者。今壹不免其身，以弃社稷，不亦惑乎？鲧殛而禹兴；伊尹放大甲而相之，卒无怨色；管蔡为戮，周公佑王。若之何其以虎也弃社稷？子为善，谁敢不勉？多杀何为？"范宣子听了他这番话，也觉悟到打击面过宽，立即登车到平公那里，请求释放羊舌赤、羊舌肸等人，而祁奚却不见羊舌肸而归。

◎故事感悟

　　祁奚"外举不弃仇，内举不失亲"的优良品德为历代所赞颂，成为举荐人才的楷模。他保护羊舌赤、羊舌肸的事迹鲜为人知，但其爱护人才、公私分明的作风却值得后人学习。

◎史海撷英

穆伯好色

文公期间，桓公子庆父有子敖，称公孙敖，姬姓，孟孙氏，谥穆，史称孟穆伯。

文公元年，穆伯以鲁国卿的身份与诸侯会盟，隐隐僭越鲁公，其势力在鲁国非同一般。其时襄仲尚不如他，然而襄仲多次出使齐国、晋国等强国，为鲁国沟

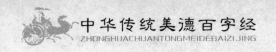

通外交、排忧解难，逐渐掌握主动权。

穆伯为人好女色，他早年娶了莒国的女子为妻，称戴己，又娶戴己的娣声己，两位莒女都给他生下儿子。但是他还想着莒国的女人，于是向莒国索要。莒国以他已经娶了两个了，再娶那就是地位就很低下的为由，不愿意再嫁女给他。

文公七年，徐国伐莒，莒女求救于鲁。穆伯出使，与莒盟，同时为襄仲迎娶莒女。结果，他一看到将要出嫁的莒女，心动不已，竟然自己娶过门，把本该是襄仲的妻子的莒女娶来作自己的女人。莒国有求于人，这次不敢拒绝。而襄仲很生气，请求文公发兵讨伐穆伯。但是惠伯出面，劝说文公不要对臣子之间的乱事横加干预，以免有害于鲁国。于是，穆伯顺利娶到第三个莒国女子。

◎文苑拾萃

祁奚父子墓

祁奚父子墓是东周时期晋国大夫祁奚和其子祁午（晋悼会时中军尉）的墓葬。位于山西省祁县城南3公里的阎名村，两墓东西排列，相距30米左右。祁奚墓为圆形，封土高4.5米，直径16米。祁午墓方形，封土高3.2米，东西16米，南北14.5米。两墓至今都保存完好。

程元凤举人无私

◎公事公办。——《济公全传》

> 程元凤（1200—1269年），字申甫，号讷斋。歙县（今属安徽）人。理宗绍定二年（1229年）进士。宝祐四年（1256年），拜右丞相兼枢密使。

程元凤于宋理宗与宋度宗时在朝为官。程元凤为人刚正，坚持原则，长于推举人才，在任侍御史时即"荐名士20余人"。

因为程元凤的地位与有知人之明，许多人都希望通过程元凤得到进身的机会。

一次，一位老相知的儿子找到程元凤，请求他看在世交的面上，安排一个职位。程元凤说：任官必须有一定资历与成绩。那个人"累请不许，乃以先世为言"，讲述了两家的世代友谊，尤其讲了当年他的父亲如何推荐程元凤做官。程元凤说："先公畴昔相荐者，以某粗知恬退故也。今子所求躐次，岂先大夫意哉？矧以国家官爵报私恩，某所不敢。"程元凤提出：过去你们父亲推荐了我，只是因为我粗知礼义，淡于名利。今天你不按程序要求提拔，难道不是有悖于先公的用人原则吗？以国家的官爵报答私人的恩德，这是我程元凤不敢做的。程元凤态度坚决，晓之以理，故人子弟只好诺诺而退。

还有一个官员，以前受过程元凤的议论与批评。过了一段时间，那人表

现较好，元凤"见其可用，便荐拔之"。有人与程元凤讨论这件事，程元凤说："前日之弹劾，成其才也；今日之擢用，尽其才也。"意思是说，以前的弹劾，是为了教训、帮助他使之成材；现在的推荐任用，正是为了发挥他的才干。这是很自然的事情。

◎故事感悟

程元凤用人唯才是举，持正不阿，一心为国，他的这种选材任能的方法值得人们称道。

◎史海撷英

熙宁变法

宋英宗死后，他的长子神宗赵顼即位。神宗在位期间，宋朝初期制订的制度已经产生诸多流弊，民生状况开始倒退，而边境上辽和夏又虎视眈眈。神宗因此锐意改革。神宗启用著名改革派名臣王安石进行朝政改革，将其任命为参知政事。王安石推行的新法包括均输、青苗、免役、市易、保甲、保马、方田均税等。但是，新法的实行遭到了以司马光为首的保守派的强烈反对。加上全国天灾不断，神宗的新法实行的决心也有所动摇。熙宁七年（1074年），北方大旱，一个名叫郑侠的官员向神宗上呈一幅流民图，图中景象惨不忍睹，神宗因此受到极大震撼。

第二天神宗就下令暂罢青苗、方田、免役等十八项法令。尽管这些法令不久之后得到恢复，但神宗与王安石之间已经开始不信任。熙宁七年四月，王安石第一次被罢相，出知江宁府，后来变法派中的官员吕惠卿肆意妄为，王安石因此回京复职，但是他依然受到保守派的坚决阻挠。熙宁九年（1076年）六月，王安石长子去世，王安石借机坚决求退，神宗于十月再次罢免王安石的相位，此后王安石便不问世事。

◎文苑拾萃

《三朝北盟会编》

宋代史学名著，全书250卷，采编年体例。作者涂梦莘（1126—1207年），江西清江人。29岁举进士，一生大部分时间居家著述，至光宗绍熙五年（1194年）69岁时才撰成《三朝北盟会编》一书。

"三朝"，指宋徽宗赵佶、宋钦宗赵桓、宋高宗赵构三朝。该书会集了三朝有关宋金和战的多方面史料，按年月日标出事目加以编排，故称为"北盟会编"。宋金和战是北宋末南宋年间头等大事，宋人据亲身经历或所闻所见记录成书者，不下数百家，但"各说异同，事有疑信"。因此，涂梦莘将各家所记，以及这一时期的诏敕、制诰、书疏、奏议、传记、行实、碑志、文集、杂著等，凡是"事涉北盟者"，兼收并蓄，按年月日标示事目，加以编排，证引的文献达200多种，对记述的异同和疑信也不加考辨。书成之后，庆元二年（1196年）实录院取进，作为编修《高宗实录》的参考。其所引用的资料也因史馆缺少，录进了100多种。为此，宋廷特除涂梦莘为直秘阁。此后，涂梦莘又继续编纂了《北盟集补》50卷，但早已失传。

该书长期仅有抄本流传，窜改甚多。现存通行本，有光绪四年（1878年）袁祖安的活字排印本、光绪三十四年许涵度的校刊本。许本较胜于袁本，但错误仍不少。

元世祖不论资历用安童

◎私义行则乱，公义行则治。——《韩非子·饰邪》

> 孛儿只斤·忽必烈（1215—1294年），蒙古帝国成吉思汗孛儿只斤·铁木真之孙，监国孛儿只斤·拖雷第四子，孛儿只斤·蒙哥弟。1260年自称蒙古帝国可汗，汗号"薛禅可汗"，但未获普遍承认。1271年建立元朝，成为元朝首位皇帝，庙号世祖，谥号圣德神功文武皇帝。

元朝蒙古族统治者统一中国之初，表现出对中原传统文化的尊崇之外，在用人上还表现出不拘一格、用人唯才。元世祖任命18岁的安童为相即是一例。

安童是开国元勋木华黎的孙子，因祖父的功劳"召入长宿卫，年方十三，位在百僚上"。但是，安童不是凭借祖辈的老本而立足的。他聪明好学，志气不凡。有一天，元世祖忽必烈与安童的母亲和姨母谈话，问起安童的情况，安童母亲介绍说："安童虽幼，公辅器也。"世祖问为什么？安母回答说："每退朝必与老成人语，未尝狎一少年，是以知也。"十几岁的安童已经不愿和孩童们玩耍，而喜与有学问的成人一起讨论大事，足见其已远比一般少年成熟。世祖听后，大为赞叹，因而时时注意培养、考察这位少年得志的年轻人。

中统四年（1263年）阿里不哥争位失败，世祖拘捕其党徒千余人，将依法论处。当时安童在世祖左右，世祖询问他："朕欲置此属于死地，何如？"安童答道："人各为其主，陛下甫定大难，遽以私憾杀人，将何以怀服未附？"世祖惊讶地说道："卿年少，何从得老成语？此言正与朕意合。"从此，世祖对安童更加另眼看待。

至元二年（1265年），安童18岁。元世祖欲任其为光禄大夫、中书右丞相。安童辞谢说："今三方虽定，江南未附，臣以年少，谬膺重任，恐四方有轻朝廷心。"世祖说："朕思之熟矣，无从逾卿。"于是，安童担任了中书右丞相，这时他年仅18岁。

世祖任用安童绝不是摆架子以招徕人才，而是付与重权，让他参与国政。至元五年，有几位权臣想剥夺安童的实权，建议设立尚书省让阿合马主持，而让安童居三公之位。世祖付之廷议。大臣商挺知道权臣的用心，反驳说："安童，国之柱石，若为三公，是崇以虚名而实夺之权也，甚不可。"元世祖深以为然，维护了安童的地位。

至元十二年诏安童以行中书省枢密院事，随太子北平王镇守边防10余年，以后又重新被任命为右丞相。安童49岁因病去世，世祖大为悲悼，为他举行了隆重葬礼并树碑纪念。

◎故事感悟

安童虽有才名，但资历浅薄，在古代封建官员任用制度下照常理不能很快得到重用，但元世祖却打破常规，重用安童。元世祖重用年少有才的安童的事迹，堪称任人唯才的典范。

◎文苑拾萃

成吉思汗陵

成吉思汗陵属全国重点文物保护单位，其规模不算大，占地约5.5公顷，但

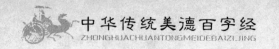

颇有特色。成吉思汗陵坐落在内蒙古鄂尔多斯市伊金霍洛旗甘德利草原上，距东胜区70公里。蒙古族盛行"密葬"，所以真正的成吉思汗陵究竟在何处始终是个谜。现今的成吉思汗陵乃是一座衣冠冢，它经过多次迁移，直到1954年才由湟中县的塔尔寺迁回故地伊金霍洛旗，北距包头市185公里，这里绿草如茵，一派草原特有的壮丽景色。成吉思汗陵现在已经成为内蒙古的一处主要旅游景点。

开科取士，选用贤才

◎大道之行也，天下为公，选贤与能，讲信修
睦。——《礼记·礼运》

> 杨坚（541—604年），隋朝开国皇帝。汉族。弘农郡华阴（今陕西省华阴县）人。汉太尉杨震十四世孙。他在位期间成功地统一了百年严重分裂的中国，开创先进的选官制度，发展文化经济，使得中国成为盛世之国。在位期间，隋朝开皇年间疆域辽阔，人口达到700余万，是人类历史上农耕文明的巅峰时期。杨坚是西方人眼中最伟大的中国皇帝，被尊为"圣人可汗"。

　　始于隋代、完善于唐代的设科取士制度，是中国古代选取人才制度的一次重要变革。它一反过去按门第和权势取士的做法，开始以德行和才能为选拔人才的标准。

　　魏晋南北朝的数百年间，大都实行由大官僚和豪门势族所把持的"九品中正制"和"重门第"的取士制度，形成所选官吏"上品无寒门、下品无势族"的局面。隋文帝得天下后，深感完全以门资取人弊多利少，开始"先德行、后文才"的取士办法，打破"上品无寒门"的局面。

　　大约在此同时，文帝开皇七年（587年）下诏，诸州岁贡三人。到开皇十八年（598年），文帝又下诏明令：京官五品以上，地方总管、刺史，"以志行修谨、清平干济二科举人"，这已经是在以科选取人才了。随即，又出现"举秀才"之制："开皇末举秀才，尚书试方略，（杜）正玄应对如响，下笔成章。"到了炀帝时，一再强调"立政经邦，选贤与能"，"众善毕举，与时无弃"，命五品以上官"依令十科举人"，"随才升擢"。大业五年（609年），又

诏各郡以"学业该通、才艺优洽，膂力骁壮、超绝等伦，在官勤奋、堪理政事，立性正直、不避强御四科举人。"自此之后，以科取士的"科举"制度便沿袭下来。鉴于史书中已明确记载，"杨纂，大业中，进士举，授朔方郡司法书佐"，至炀帝时进士已专成一科。这种以科举取士的制度，是凭才能来决定选送与否的，使得不少有才干而无门第的士人可以得到展示才能的机会。

到了唐代，这种设科取士的制度逐渐完善，成为贡举选士的固定制度。尤其进士成为专门一科以后，门第低下的平民士人，便有了得以进取的充分机会。

始自武德辛巳岁四月一日，敕诸州学士及早有明经及秀才、俊士、进士，明于理体，为乡里所称者，委本县考试，州长重复，取其合格，每年十月随物入贡。斯我唐贡士之始也。

虽然如此，但在唐代前期，统治集团仍然重视学校出身应举的生徒，即国子监的太学、四门学等与崇文馆、弘文馆的生徒，因为这些人多为官僚、望族子弟。至于寒门子弟，是不能进学馆的。由于官宦子弟聚集，监、馆弊端渐多，不能真正选取有才之士。于是，乡贡举人便成为选拔人才的重要来源。

唐代设科取士，大致可分常科、制科两大类。

常科的科目有秀才、明经、俊士、进士、明法、明字、明算、一史、三史、开元礼、道举、童子等五十多种。

其中，进士，明经二科规模最大，也最受社会重视。尤其是进士科，取得进士出身是平民士子跻身统治集团的重要途径，因而成为他们终生奋斗的目标。尽管应举人多，考试甚难，录取又少，士子们仍然孜孜以求，乃有"五十少进士"之说。由于"进士特难其选"，社会上便以进士登科为"登龙门"。起初，进士科试题只是对策，至太宗贞观八年（634年）加试经、史，以经、史中多治国安邦之策。高宗时，又加试帖经与杂文；文宗时，再加试诗、赋。即使如此，每年入贡应试进士科者都在1000人上下，录取者少则数人，最多也不过三五十人。明经一科，较进士科容易。其他各科，规模及受重视程度远不如进士、明经二科。需要说明一点，唐代所谓的"举人"，只指乡贡入京应试之人，与清代举人指乡试后被取之人不同。

所谓制科，又称"制举"，更是以"待非常之材"的取士制度。没有门第、只有专长却不能上达者，或有绝艺奇技、高蹈隐幽者，皇帝随时下诏，不按常科会试，而是单独考试，即谓制举。制科名目繁多，前后见于记载者，据统计在130科左右。由于是选取非常之材，皇帝往往亲临试之。

无论常科还是制科，各科及第后，基本上都要经过复试方可放榜。尤其制科，更无例外。

设科取士，尤其是进士科，使得门第低下的平民士子有了显露才华的机会，在唐代渐渐废弃取仕问门第的陋习，甚至以奖拔孤寒为美德。

乡贡举人进京赶考，进入考场后也有两件值得提起的事情，以见唐代科举确实为真才实学之士提供方便。肃宗乾元（758—760年）时，李揆为礼部侍郎，主持每年一度的科考。他以过去"主司取士，多不考实"，只是严加提防，"索其书策"，殊不知"艺不至者，文史之圃亦不能搞词，深昧求贤之意"。于是，改变做法，"其试进士文章，请于庭中设五经、诸史及《切韵》本于床，而引贡士谓之曰：'大国选士，但务得才，经籍在此，请恣寻检。'"整个考试之事未结束，"美声上闻"，肃宗立即升李揆中书侍郎、平章事，为相，并集贤殿、崇文馆大学士。再一条便是，科考可以延长时间，有所谓"三条烛尽"之说："唐进士入举场得用烛，故或者以为自平旦至通宵。"进士入试，"许用书册，兼得通宵"，足见唐代选取贤才的开放和魄力！这是后世不复见的情况。

◎故事感悟

唐代设科取士，确实为具有真才实学的饱学之士开辟了一条发挥自己才智的路途，使唐代社会得以发展，为中国历史上一个鼎盛时代。

◎史海撷英

开皇盛世

大隋开皇盛世气象恢宏磅礴，隋文帝下令修建首都大兴城（即后来长安城）。

大兴城的修建不仅是中国古代城市建设规划高超水平的标志，也是当时国家的经济实力和科技水平的综合体现。大兴城乃当时的"世界第一城"，它的设计和布局思想，对后世都市建设及日本、朝鲜都市建设都有深刻的影响。隋文帝于584年命宇文恺率众开漕渠。自大兴城西北引渭水，略循汉代漕渠故道而东，至潼关入黄河，长150多公里，名广通渠。大运河对于中国来说远比长城对于中国更重要。大运河连接黄河流域和长江流域，连接了两个文明，使黄河流域和长江流域逐渐成为一体。

"鸿恩大德，前古未比。""七德既敷，九歌已洽，要荒咸暨，尉候无警。于是躬节俭，平徭赋，仓廪实，法令行，君子咸乐其生，小人各安其业，强无凌弱，众不暴寡，人物殷阜，朝野欢娱。20年间，天下无事，区宇之内晏如也。考之先王，足以参踪盛烈。"这就是隋书里的"开皇之治"。隋文帝一系列的改革措施，大量地减少了国家的财政开支，增加了国家的财政收入。开皇十七年，户口滋盛，中外仓库，无不盈积。所有赉给，不逾经费，京司帑屋既充，积于廊庑之下，高祖遂停此年正赋，以赐黎元。隋文帝初登基时全国人口400万户，隋炀帝登基时已达890万户，以一户6口计，全国人口不下5000万，这个数字大约直到唐玄宗时才达到。直到唐太宗死后，唐高宗继位，计户口380万户。唐玄宗时，全国760万户，4100万人。隋开皇九年已垦田地1944万顷，大业中期已垦田地5585万顷。唐天宝十四年已垦田地1430万顷。隋炀帝登基就有890万户，而唐太宗直到驾崩才有380万户，国力之差距可以想见。

◎文苑拾萃

科举名衔称谓一览

孝廉：本是汉朝选拔官吏的科目之一，为士大夫的主要途径。明清俗称举人为孝廉。

举主与门生：汉代察举制度中，有资格者举别人的人士，称为"举主"，刺史、郡称为举主，被举、被辟的贤士便成为举主、府主的门生故吏，后科举考试及第者对主考官亦自称门生。宋太祖之后，进士由御前殿试取录，进士从此成为"天子门生"；同时亦明文规定以后举人不得自称考官门生。

进士：意即贡举的人员。唐代科目中以进士科最被重视。明、清两代，始以进士为考中者的名称，凡是举人（乡试考中者）经过会试考中者为贡士，由贡士经过殿试录取者为进士。

状元：科举考试以名列第一者为状元。唐代举人赴京应礼部考试都需投状，因此称进士科及第的第一名为状元，也叫状头。宋代以殿试首名称状元。明、清会试以后，贡士需作殿试，分三甲取士，一甲三名，第一名为状元。

榜眼：科举殿试一甲第二名称榜眼。北宋初期，殿试录取的一甲第二、三名都称榜眼，意思是指榜中双眼。明、清两代专指第二名，第三名称探花。榜眼授翰林院编修。

探花：科举殿试一甲第三名称探花。唐代进士曲江杏园初宴，称"探花宴"，以同榜俊秀少年进士二三人为探花使，遍游名园，探采名花，探花之名始于此。宋代又称探花郎，南宋以后，专指殿试一甲第三名。元、明、清三代沿袭不改。探花授翰林院编修。

贡士：古代向朝廷荐举人才的制度。自唐以后，经乡贡考试合格的叫贡士。清代，会试考中的为贡士。

会元：科举制度中乡试中式为举人，举人会试中式第一名为会元。

举人：原指被推荐之人，为历代对各地乡贡入京应试者的通称。明、清两代，为乡试考中者的专称，作为一种出身资格，中了举人叫"发解"、"发达"，简称"发"，习惯上俗称为"老爷"。

解元：唐代，举进士者皆由地方解送入试，故相沿称乡试第一名为解元。宋以前称解头。

秀才：别称"茂才"。本系优秀人才的通称。汉代以后，成为荐举人才的科目之一。南北朝时，最重此科。唐代初期，设秀才科，后来渐渐废去，仅作为对一般儒生的泛称。明太祖曾采取荐举的方法，举秀才数十人，反以知府为官。明、清两代，专门用来称府、州、县的学员，习惯上也称为"相公"。

贡生：明、清时府、州、县学的生员，凡已考选升入国子监肄业的称为贡生，意思是以人才贡献给皇帝。

张居正选才六原则

◎尽公者，政之本也。——《晋书》

> 张居正（1525—1582年），湖广江陵（今属湖北）人。字叔大，少名张白圭，又称张江陵，号太岳，谥号"文忠"。明代政治家，改革家。中国历史上优秀的内阁首辅之一，明代伟大的政治家。

张居正是明朝中叶一位致力于经济改革的人，也是明朝政绩最为突出的宰辅。明穆宗朱载至于隆庆六年猝死，6岁的太子朱翊钧即位（明神宗），张居正为顾命大臣，辅佐幼帝掌权。张居正重视用人，并且突出选才公平的原则。

张居正认为："天生一世之才，自足一世之用。顾持衡者，每杂以私意，持之以偏见，遂致品流混杂，措置违宜。乃委咎于乏才，误矣！"指出了选才者往往以偏见与个人利益干扰选才，造成才不堪用，反而归咎世上缺乏人才的社会通病。

如何纠正这种偏差呢？那就是出以公心，执行公平选才原则，应"无问是谁亲故乡党，无计从来所作眚过，但能办国家事、有礼于君者，即举而录之"。这样，不论是否亲故乡里，也不管以前有无过错，只要是为国效力、为君尽忠者，都可以任用，就可以造成"内不敢任爱憎之私，外不轻毁誉之说"的公平气氛。

张居正认为，要切实做到公平选人、用人，有六项原则是必须遵循的。

一是"毋徒炫于虚名"，不为人的空名声所迷惑，而考察其实际才能与成绩。

二是"毋尽拘于资格"，不为资历、资格所局限，而要看有无生气与实际才能，特别不要忽视有发展潜力的年轻人。

三是"毋摇之以毁誉"，不要轻易地被舆论的褒扬贬斥所左右，要实地考核决定弃取。

四是"毋杂以爱憎"，评判人才时不要掺杂个人爱恶的情感。

五是"毋以一事概其生平"，不要因一事一时的成败评判一个人，而要看全面与发展。

六是"毋以一眚掩其大节"，人无完人，难免有过，不要因一个过错而全盘否定。

"六毋"之中，有些是前人经验之谈，但"毋杂以爱憎"则比前代人才学家更进了一步。人情的爱憎，是很容易影响对人才的评价及任用的。张居正十分注意这点，并在实际上加以运用。

张居正在主持漕运整治河道时，了解到一个叫潘季驯的人是一位治水专家。潘季驯于嘉靖和隆庆年代两次受命治理黄河河道，因其主张与其他官员不一致，冒犯了一些权贵，隆庆五年被弹劾罢官。万历六年（1578年），张居正决定再次大规模疏理黄淮。他分析了当年潘季驯的治河主张及成败教训，认定潘季驯是治河的最佳人选。他不顾此前潘季驯曾被弹劾免职，推荐潘季驯为右都御史兼工部左侍郎。当时张居正不执掌实权，以皇帝的名义"使节行治河，一切假以便宜，久任责成。出帑藏及所留折科漕粟80余万金，不问出入"，对于潘季驯这位曾被罢官的人，不仅重新起用，而且委以全权，还将80余万金的治河经费全部由潘季驯支配。如此的信用，使潘季驯得以放开手脚，施展才干。由于潘季驯熟悉情况，"确有定见"，终于使治河获得了很大成功。这也是张居正坚持"六毋"选材的成功。

◎故事感悟

张居正坚持"六毋"选材，外举不避仇，内举不避亲，真正做到了唯才是用，为国家培养了大批人才，并任用被弹劾的潘季驯有效地治理了黄河河道。

◎史海撷英

一条鞭法的推行

早在明宣宗宣德年间（1426—1435年）江南出现的征一法，明英宗正统年间（1436—1449年）江西出现的鼠尾册，明英宗天顺（1457—1464年）以后东南出现的十段锦法，至成化年间（1465—1487年）浙江、广东出现的均平银，弘治年间（1488—1505年）福建出现的纲银法，都具有徭役折银向田亩转移的内容。但这些改革只是在少数地区实行。推行全国的一条鞭法是从嘉靖九年（1530年）开始的，实行较早的首推赋役繁重的南直隶（约今江苏、安徽）和浙江省，其次为江西、福建、广东和广西，但这时也只限于某些府、州、县，并未普遍实行。由于赋役改革触及官绅地主的经济利益，阻力较大，在开始时期进展较慢，由嘉靖四十年至穆宗隆庆（1567—1572年）的10多年间始逐渐推广。万历初首辅张居正执政时期，经过大规模清丈，才在全国范围推行，进展比较迅速。万历十年（1582年）后，西南云、贵和西北陕、甘等偏远地区也相继实行。但即在中原地区，有些州县一直到崇祯年间（1628—1644年）才开始实行。这一改革由嘉靖至崇祯，前后历经百年。当时积极主张实行的，中央大吏除桂萼、张居正等人外，嘉靖间有大学士顾鼎臣、御史傅汉臣、吏部尚书霍韬；地方官吏中，嘉靖年间有江南巡抚欧阳必进、应天巡抚欧阳铎、苏州知府王仪、江西巡抚蔡克廉、广东巡抚潘季驯等，而以历任广东、南直隶、浙江等省高级地方官的庞尚鹏，历任应天、江西巡抚的周如斗，以及隆庆间江西巡抚刘克济、应天巡抚海瑞、凤阳巡抚王宗沐等人推行尤力。

◎文苑拾萃

张居正故居

　　张居正有两处官邸，一在今荆州城内，现辟为旅游景点的张居正故居即是。另外，他在北京的官邸曾历经风雨，在清朝先是满族贵戚的官邸，后又被某文人买到手，最后辗转。到晚清，经曾国藩之手始成湖广会馆。1912 年，伟大的革命先驱孙中山先生曾五次光临湖广会馆，发表政治演说，并于 8 月 25 日在此主持召开了国民党成立大会。湖广会馆后辟为北京市戏曲博物馆，坐落在宣武区虎坊桥，建筑面积为 2800 平方米。

沈文奎论用人之道

◎天下惟公足以服人。——《明史》

沈文奎（1598—1654年），字清远。上虞百官人。顺治元年（1644），随世祖入关，授保定巡抚。翌年擢淮扬漕运总督。

沈文奎少年时曾寄养王姓人家，因此又姓王。20岁时为明朝生员，后北游遵化。后金天聪三年（1629年），清太宗皇太极兴兵入关，攻克遵化。当时沈文奎正在遵化，以城破归降后金。贝勒豪格带其见皇太极，命于文馆任职。清兵入关后，历任都察院右副都御史、兵部右侍郎、内弘文院学士，颇受清廷信任。

在皇太极夺取天下的过程中，沈文奎曾多次上疏，进忠言，为击败明朝提出了许多有益的建议。其中，沈文奎最大的贡献是向皇太极系统地论述了用人之道，这对于皇太极夺取天下是至关重要的。

鉴于后金在与明朝的战争中比较重视武将，而不重视文人，沈文奎指出，"我国不乏冲锋破敌、战胜攻取之人耳"，现在急需的是有文化、通典籍的汉人来做朝廷的辅佐。他劝皇太极绝不可有"乃公从马上得之，乌用此迂儒之常谈"的想法，以为天下只是靠战马驰骋而夺来的。他毫不客气地批评皇太极："汗用人一节，似欠妥当。"并反复强调："古来成事业者，要求实用，不贵虚名，而欲求实用以图事功者，尤必以得人为第一。"他还列举历史上成功的用人之例说："舜有臣五人而天下治，武王有定乱之臣十人，成汤三聘伊尹而成王业，齐桓独任管仲而伯诸侯。此数君者，虽时异势殊，而其最吃紧处，惟在知人善任，随材器使，不求备于一人，不调停于流俗。"

皇太极当政之时，正值战乱年代，加上后金偏居东北一隅，文化落后，故时人多以为人才难寻亦难得，皇太极本人也同样有这种顾虑。正是因为有这种思想障碍，因此也就很难发现、得到人才。针对这一状况，沈文奎明确指出："我国虽小，金、汉官民犹可百万也，其中不乏中才之士，而汗不知所以作兴成就之，则习俗移人，同流合污，安望其有人品才调哉！"他反复强调"天生人才，自足以供一代之用"的道理，并说明，只要认识到这一点，"真正怀才抱德之士，安知不继此而自至哉！"为此，沈文奎于天聪七年（1633年）七月二十二日特向皇太极上了一个《荐举人才奏》，详细阐述了他的用人之道：

为今之计，汗宜恳切出一明谕，不拘俗类，不限贵贱，不分新旧，令有才能者不妨自荐，有熟知者许令保举。自荐者先择智识之臣，委以从公抡选，而严申以挟私徇情之罚；保举者不须避父子、兄弟之嫌，但令书立保状记诸簿籍，异日考功，按罪约以宠辱俱同。盖一人之耳目有限，而收众人之耳目为聪明，则为力易而收效多。然人心难测，固有善始而不善终者，则许令保主子首，则可无被累之虞。然后亲加省试，量才委用。实有技能者，更应超录，猥无才行者辄应责谴纵。奴隶、工商，片善必取；即显官贵戚，纤恶必惩。怀真心实意以招来之，悬高爵厚禄以欣劝之，设严刑重罚以驱绳之。诚若此，则好荣恶辱，人之同心，上之所好，下必甚焉。虽不能拔十得五，于百千中得数人而已足为众法矣。……此则名实俱全，而天下固无不可为之事矣。

这里，沈文奎提出了有关用人方面的几个原则问题：一是要拓宽眼界，这样才能发现人才；二是强调了自荐与保举的必要性；三是建议选拔人才不必论出身贵贱，哪怕是奴隶、工商，只要有才能照样任用。这是一个打破满族旧的传统和习惯势力而广招人才的政策，又是一个平等的用人政策。按照这一政策，"虽不能拔十得五，于百千中得数人而已足为众法矣"。皇太极很重视沈文奎的意见，在其选拔人才，特别是重用汉人方面确实打破了许多旧框框，以致人才济济。这对于最后战胜明朝起到了重要作用。

◎故事感悟

　　沈文奎在论用人之道方面的见解独到，他的用人方针在实践中发挥了很大作用，得到了后人的充分肯定。

◎史海撷英

锦州大战

　　崇祯十二年（1639年），明廷调任洪承畴为蓟辽总督，系东北边防，防卫清人。崇祯十三年（1640年）三月，皇太极命郑亲王济尔哈朗、多罗贝勒多铎等人领兵修筑义州城（辽宁义县），"驻扎屯田，令明山海关外宁锦地方不得耕种"，锦州守将祖大寿向明廷报称："锦城米仅供月余，而豆则未及一月，倘狡虏声警再殷，宁锦气脉中断，则松、杏、锦三城势已岌岌，朝不逾夕矣。"明廷命洪承畴领王朴、杨国柱、唐通、白广恩、曹变蛟、马科、王廷臣、吴三桂八总兵，步骑13万，援锦州解围。洪承畴不敢冒进，驻扎宁远，窥探锦州势态。由于当时明朝财政困难，兵部尚书陈新甲主张速战速决，催洪承畴进军。崇祯十四年七月二十六日洪承畴在宁远誓师，率八总兵、13万人，二十八日抵锦州城南乳峰山一带。二十九日，命总兵杨国柱率领所部攻打西石门，杨国柱中箭身亡。后双方在乳峰山战事胶着，"清人兵马，死伤甚多"，清军失利，几至溃败。

◎文苑拾萃

圆圆曲

（清）吴伟业

鼎湖当日弃人间，破敌收京下玉关，
恸哭六军俱缟素，冲冠一怒为红颜。
红颜流落非吾恋，逆贼天亡自荒宴。

电扫黄巾定黑山，哭罢君亲再相见。

相见初经田窦家，侯门歌舞出如花。

许将戚里箜篌伎，等取将军油壁车。

家本姑苏浣花里，圆圆小字娇罗绮。

梦向夫差苑里游，宫娥拥入君王起。

前身合是采莲人，门前一片横塘水。

横塘双桨去如飞，何处豪家强载归。

此际岂知非薄命，此时唯有泪沾衣。

熏天意气连宫掖，明眸皓齿无人惜。

夺归永巷闭良家，教就新声倾坐客。

坐客飞觞红日暮，一曲哀弦向谁诉？

白晰通侯最少年，拣取花枝屡回顾。

早携娇鸟出樊笼，待得银河几时渡？

恨杀军书抵死催，苦留后约将人误。

相约恩深相见难，一朝蚁贼满长安。

可怜思妇楼头柳，认作天边粉絮看。

遍索绿珠围内第，强呼绛树出雕阑。

若非壮士全师胜，争得蛾眉匹马还？

蛾眉马上传呼进，云鬟不整惊魂定。

蜡炬迎来在战场，啼妆满面残红印。

专征萧鼓向秦川，金牛道上车千乘。

斜谷云深起画楼，散关月落开妆镜。

传来消息满江乡，乌桕红经十度霜。

教曲伎师怜尚在，浣纱女伴忆同行。

旧巢共是衔泥燕，飞上枝头变凤凰。

长向尊前悲老大，有人夫婿擅侯王。

当时只受声名累，贵戚名豪竞延致。

一斛明珠万斛愁，关山漂泊腰肢细。

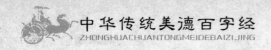

错怨狂风飏落花，无边春色来天地。

尝闻倾国与倾城，翻使周郎受重名。

妻子岂应关大计，英雄无奈是多情。

全家白骨成灰土，一代红妆照汗青。

君不见馆娃初起鸳鸯宿，越女如花看不足。

香径尘生乌自啼，屧廊人去苔空绿。

换羽移宫万里愁，珠歌翠舞古梁州。

为君别唱吴宫曲，汉水东南日夜流！